Dr. Gerlinde Lamprecht

Meine Stimme stärken

Das Stimmtraining für mehr Selbstbewusstsein

TRIAS

Gerlinde Lamprecht

Meine Stimme stärken

»Die Stimme ist das persönlichste Ausdrucksmittel von uns Menschen. Sie berührt und begeistert.« – **Dr. Gerlinde Lamprecht** begleitet als Stimmtherapeutin und Coach ihre Klienten auf dem Weg zur Entfaltung ihrer Stimme. Seit über 20 Jahren ist sie als Expertin für klangvolle Stimme und souveränes Auftreten in Bamberg tätig. Dabei verbindet sie Ihre Erfahrung als Sprachheilpädagogin, Lehrerin der F.M. Alexander-Technik und aus Bühnenauftritten (Schauspiel und Gesang). Ihr Motto lautet: »Mit Stimme überzeugen.« Mehr unter: www.dr-gerlinde-lamprecht.de

7 Ein paar Gedanken vorweg

8 Einleitung
8 Wie hilft die Arbeit mit der Stimme?
10 Bevor wir starten: ein Quiz zum Stimmapparat
14 Innere Zweifel überwinden
14 Die Stimme entscheidet über die Karriere
15 Was macht eine »gute« Stimme aus?
16 Warum geht das nicht so einfach?
18 Drei Bausteine für die Entfaltung der Sprecherpersönlichkeit
20 So erkennen Sie eine Stimmstörung

22 Persönlichkeit ausstrahlen: Körperhaltung
22 Über- oder Unterspannung
23 Warum ist die Haltung so wichtig?
26 Das können Sie tun
28 Alexander-Technik

30 Persönlichkeit hörbar machen: überzeugen
30 Wie wollen Sie wirken?
32 Wodurch erzielen Sie die gewünschte Wirkung?
33 Wie klingt Erfolg?
34 Warum klingt Ihre Stimme nicht immer so, wie Sie es möchten?
37 Mut zum stimmlichen Ausdruck: Machen Sie Ihre Persönlichkeit hörbar!
38 Das können Sie tun

44 Persönlichkeit transportieren: Hörer fesseln
44 Machen Sie es dem Zuhörer leicht
44 Das können Sie tun
45 Artikulation: Zuhörer lieben deutliches Sprechen
48 Sprechtempo: schneller, als die Zuhörer denken
49 Betonungen: Was ist Ihnen wichtig?
53 Lautstärke: Das richtige Maß finden
55 Alles fließt zusammen
56 Checkliste: Tipps für Vortrag und Präsentation

58 Persönlichkeit spüren: Kommunikation im Kontakt
58 Nehmen Sie Kontakt auf
60 Ursachen der Sendestörungen
61 Das hilft Ihnen weiter

64 Persönlichkeit sein: Gedankenmuster suchen
64 Hemmende Gedankenmuster
66 Kategorien für hemmende Gedankenmuster
68 Angst vor dem Lampenfieber
72 Das können Sie tun
74 Zielgedanken, Größe und Stimmklang verbinden

76 Mit Stimme Persönlichkeit zeigen
76 Erfahren Sie mehr über sich selbst
78 Tipps für die Stimmhygiene
82 Zum Schluss

Ein paar Gedanken vorweg

Stellen Sie sich diese Situation vor: Eine Präsentation steht an, eine Kundenveranstaltung, ein Meeting, ein Vortrag. Und dazu gesellt sich das innerliche Augenrollen: »Es gehört ja dazu, wenn ich weiterkommen will«, »Warum klappt es nicht so, wie ich mir das wünsche?«, »Besonders gern mache ich es nicht.«

Sofort stellt sich diese innere Unsicherheit ein: Merkt man, dass mir der Atem stockt und die Stimme flattert? Gedanken schießen mir durch den Kopf: Wirke ich souverän? Werde ich ernst genommen? Kommen meine Inhalte an? Reagieren die Zuhörer so, wie ich es mir wünsche?

Irgendwie überstehe ich die Situation, aber könnte es nicht besser sein? Kann ich nicht einfach mit guter Vorbereitung hingehen und mit einer klaren Stimme sprechen, die jeden erreicht? Mit lebendiger Sprechweise auftreten, sodass alle auf meine Inhalte aufmerksam werden? Mit einer souveränen Körpersprache meine Kompetenz unterstreichen? Einfach hingehen und sprechen – das wär‘s!

Der Wunsch, das Ziel ist, nicht mehr vor jedem Sprechauftritt ein mulmiges Gefühl zu haben, sondern mit Freude die Herausforderung anzunehmen! Den Weg dahin möchte ich mit Ihnen gemeinsam gehen.

Mit diesem Buch möchte ich Ihnen den Reichtum aufzeigen, den ein Stimmtraining mit sich bringt. Ich habe aus der Fülle von Möglichkeiten leicht verständliche Übungen für Sie ausgewählt. Damit können Sie eine Basis dafür schaffen, in Ihren Sprechsituationen mit klarer Stimme und starker Persönlichkeit wirkungsvoll zu überzeugen.

Einleitung

Der stimmliche Ausdruck und die persönliche Sprechweise transportieren sehr eindringlich subtile Botschaften an die Zuhörer. Die Wirkung Ihrer Worte wird durch den Stimmklang geprägt.

»*Ich hätte nicht gedacht, dass da so viel dahintersteckt …*«

Diesen Satz höre ich sehr oft in meinen Trainingseinheiten oder in der Therapie. Eine Kundin wollte einfach nur mal zum Training der Stimme gehen: lauter werden, deutlicher sprechen, einfach stimmlich besser gehört werden. Das werden so ein paar Übungen sein, hatte sie sich gedacht.

Und was erlebt sie dann? Ihr ganzer Körper ist gefordert, sie produziert Töne in unbekannten Regionen, auf ungewohnte Weise und gemeinsam mit mir beleuchtet sie die Hintergründe Ihrer Stimme – und immer trifft sie dabei auf sich selbst: ihre speziellen Verhaltensweisen, Eigenheiten, Bedenken, Zweifel und auf ein ungeahntes Potential. Am Ende ist ihre Stimme kräftiger geworden. Und zugleich ist sie mutiger und selbstbewusster in ihrer Sprechweise geworden. Ihr Auftreten ist präsenter. Jetzt überhört sie keiner mehr. Wie spannend!

Wie hilft die Arbeit mit der Stimme?

Die Arbeit mit der Stimme ist etwas Wunderbares: In der Art und Weise, wie meine Klienten und Patienten die Übungen ausführen, schimmern ihr grundsätzliches Verhalten und ihre Eigenschaften als Person durch. Es wird für mich oft sehr schnell sicht- und hörbar, wie mutig, offen, zurückhaltend, ängstlich, schwach, losstürmend, ungeduldig, forcierend etc. jemand ist. Dies alles sind Facetten einer Persönlichkeit, und das ist gut und richtig. Wir überprüfen, wie hilfreich dieses Verhalten für die Stimme und die gewünschte Wirkung in der jeweiligen Situation ist.

Wir fragen aber auch: welche Veränderung braucht es, welche Veränderungen sind möglich? Die Entwicklung darf in genau den Schritten verlaufen, die der Einzelne gut bewältigen kann. So gibt es kein vorgeschriebenes Programm, sondern eine ganz individuelle Vorgehensweise. Denn jeder Mensch braucht für seine Weiterentwicklung unterschiedlich viel Zeit und ein unterschiedliches Methodenangebot. So können neue Verhaltensweisen gut integriert werden und haben auch im Alltag Bestand.

Auch Coachinggespräche sind ein wichtiger Bestandteil davon. Denn die Stimme zu erheben, hat immer etwas damit zu tun, nach draußen zu gehen. Lautsprachliche Kommunikation ist immer an einen Partner gerichtet, der damit erreicht werden soll. Und das ist nicht immer leicht.

Stimmübungen bedeuten daher oft auch erst mal inneren Anlauf und Überwindung. Ich lasse etwas von mir hören – und dieses »etwas« ist ein sehr persönlicher Klang und eine intime Empfindung, die nun für eine mögliche Beurteilung durch das Gegenüber freigegeben wird.

Babys und Kleinkinder haben damit noch kein großes Problem. Sie probieren mit viel Freude und Entdeckerlust alle Laute aus und stellen mit ihren stimmlichen Erprobungen die Nerven ihrer Eltern gelegentlich auf den Prüfstand. Im Laufe der Entwicklung schränken jedoch verschiedene negative Erfahrungen und Einflüsse diese Freiheit des Ausdrucks ein. Und dann kommt der Moment, in dem im Beruf ein souveräner Auftritt gefragt ist. Eine Präsentation steht an, ein Fachvortrag, ein Bewerbungsgespräch oder die Ansprache vor den Kollegen auf der Weihnachtsfeier. Es soll überzeugend, kompetent und unterhaltsam wirken. Und es gibt kein Entrinnen. Geht das dann routiniert von den Lippen? Das Stimmtraining kann Ihnen dafür neue Wege aufzeigen.

Bevor wir starten: ein Quiz zum Stimmapparat

Die Arbeit von Stimmlippen, Zwerchfell und Kiefer ist wohl aufeinander abgestimmt und beeinflusst die Stimmfunktion. Und falsche Vorstellungen führen mitunter auch zu einer falschen Nutzung.

Zu Beginn jedes Trainings und jeder Therapie stelle ich meinen Klienten und Patienten immer einige Fragen zur Anatomie. Sie betreffen die Organe, Strukturen und Gelenke, die wir für die Stimme, das Sprechen und einen guten Auftritt brauchen. »Darüber habe ich mir noch nie Gedanken gemacht«, höre ich oft als erste Antwort. Es ist sehr interessant, welche Vorstellung von Lage und Größe der jeweiligen Organe bzw. Gelenke Sie im Moment haben. Und manchmal ist dann die Art der Stimmstörung nicht verwunderlich. Denn so, wie Sie sich die Strukturen vorstellen, so benutzen Sie sie letztendlich auch.

Einige Fragen

Antworten Sie, ohne viel nachzudenken.

1. Wo befinden sich die Stimmlippen?
   - Wie viele sind es?
   - Liegen sie horizontal oder vertikal?
   - Wie groß sind sie [= die Stimmlippen]?
2. Wo befindet sich das Zwerchfell?
   - Wie groß ist es?
3. Wo befindet sich das Kiefergelenk?
4. Wo endet die Halswirbelsäule und wo sitzt der Schädel auf?

Auflösung

Sitz der Stimmlippen Legen Sie sanft die Finger einer Hand an die Vorderseite Ihres Halses. Schlucken Sie dann etwas Speichel. Sie spüren dabei die Bewegung Ihres Kehlkopfs. Bei Männern ist der vordere Knorpel als Adamsapfel sichtbar. In diesem Kehlkopf liegen horizontal die zwei Stimmlippen. Die Länge der Stimmlippen beträgt bei Frauen 1,3 bis 2 cm, bei Männern 1,7 bis 2,4 cm, sie sind also in etwa so groß wie ein Fingernagel.

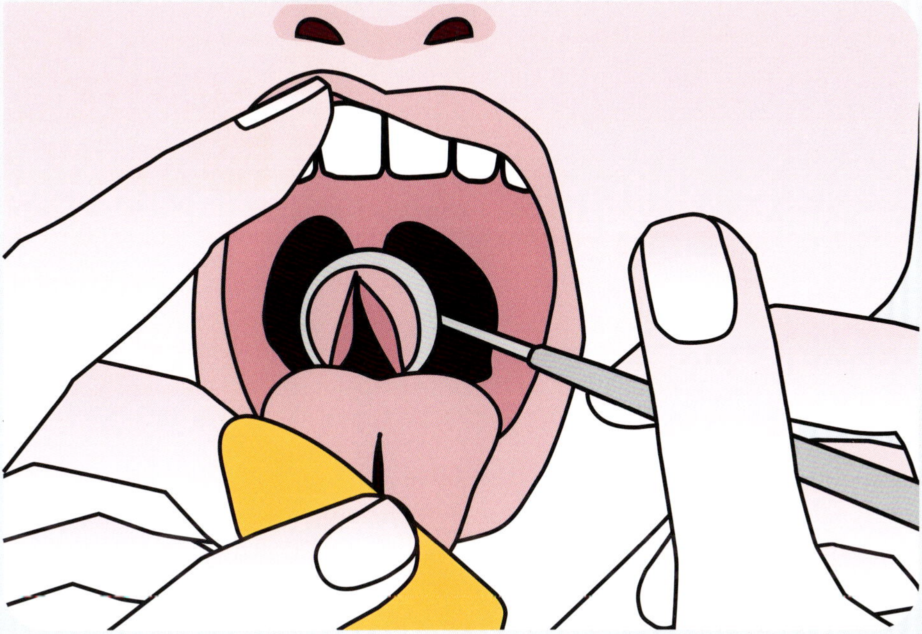

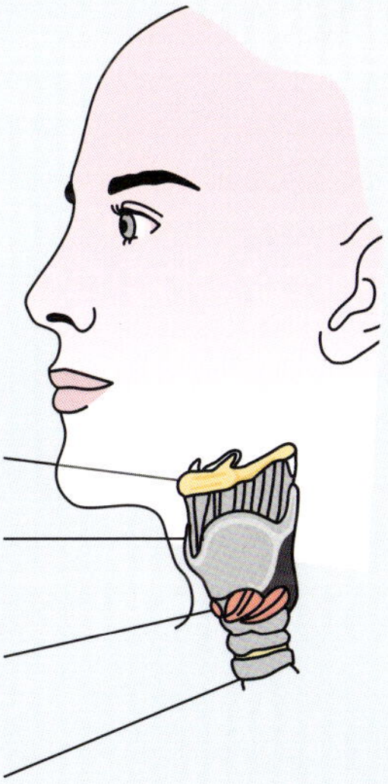

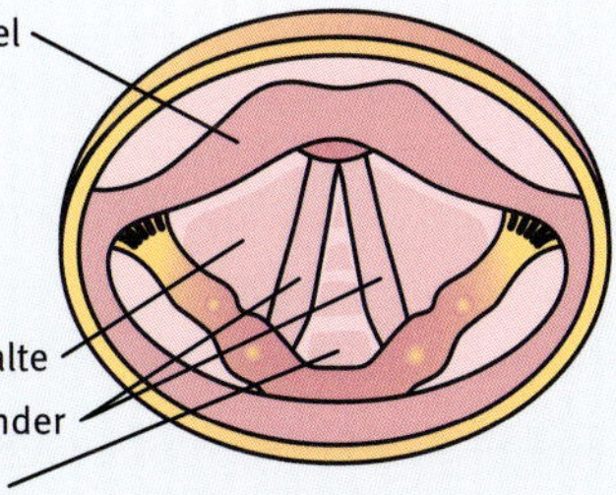

oben: Der Hals-Nasen-Ohren-Arzt kann die Stimmlippen mit einem Spiegel untersuchen.

unten links: Kehlkopf

unten rechts: Stimmlippen in der Position beim Atmen

Lage des Zwerchfells Legen Sie Ihre Hände mit den Daumen nach hinten und den Fingern nach vorn an Ihren Brustkorb. Führen Sie nun die Hände in unveränderter Haltung nach vorn. Wenn Sie nun auf die Fläche schauen, die Ihre Hände aufzeigen, sehen Sie, wie groß Ihr Zwerchfell ist.

Das Zwerchfell ist eine gewölbte Muskel-Sehnen-Platte, der zwischen dem oberen Brustkorb und dem Bauchraum liegt. Er hat in etwa die Form einer Halbkugel und geht bei einer Kontraktion in eine flache Form über.

Das Zwerchfell ist der wichtigste Atemmuskel. Er wird vom Kleinhirn gesteuert. Wenn neuer Sauerstoff im Körper gebraucht wird, zieht es sich zusammen und bewegt sich nach unten. Dadurch wird der Brustraum vergrößert und Luft kann in die Lunge strömen. Die Bauchdecke wölbt sich nach außen.

Für die Ausatmung entspannt sich das Zwerchfell und bewegt sich wieder nach oben. Der Atem strömt aus, die Bauchdecke geht wieder nach innen. Diese »Bauchatmung« ist für den Körper ein sehr ökonomischer Vorgang: wenig Aufwand für die benötigte Luft mit optimaler Sauerstoffkonzentration im Blut.

Das Kiefergelenk Legen Sie die Finger an Ihre Wangen unmittelbar vor die Mitte des Ohres. Lassen Sie dann langsam den Unterkiefer sinken. Sie werden bemerken, dass unter Ihren Fingern eine Art Loch entsteht. Das geschieht durch die durch die Bewegung des Kiefergelenks.

Die Wirbelsäule Stellen Sie sich eine gedachte Linie vor, die Ihre Ohren verbindet. Dort, wo diese Linie Ihre Rachenhinterwand trifft, endet Ihre Wirbelsäule. Hier sitzt Ihr Schädel mit zwei kleinen Gelenkflächen auf.

Auswertung

Wie war Ihre Trefferquote? Gab es Überraschungen und Aha-Erlebnisse? Oder sind Sie ein Anatomie-Profi? Bedenken Sie dabei: Wenn Sie sich die Stimmbänder größer und kräftiger vorgestellt haben, werden Sie ihnen auch mehr zumuten, als deren wirkliche Beschaffenheit es zulässt. Oder wenn Ihre Vorstellung von der Größe Ihres Zwerchfells falsch war, konnten Sie seine volle Kapazität nur schwer ausschöpfen. Die richtige physiologische Vorstellung schafft jedoch eine sehr gute Grundlage für alle weiteren Trainingsmaßnahmen.

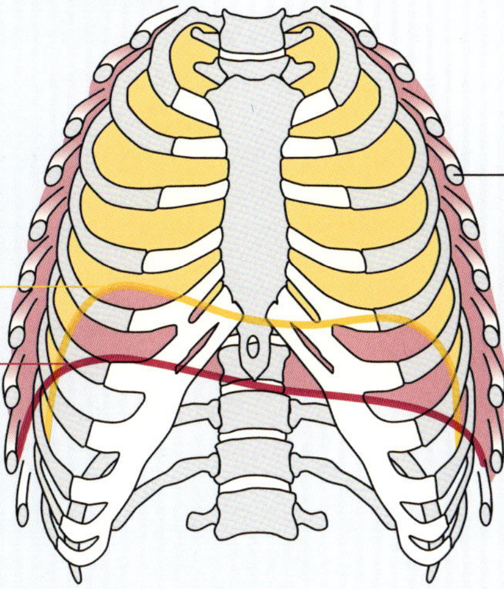

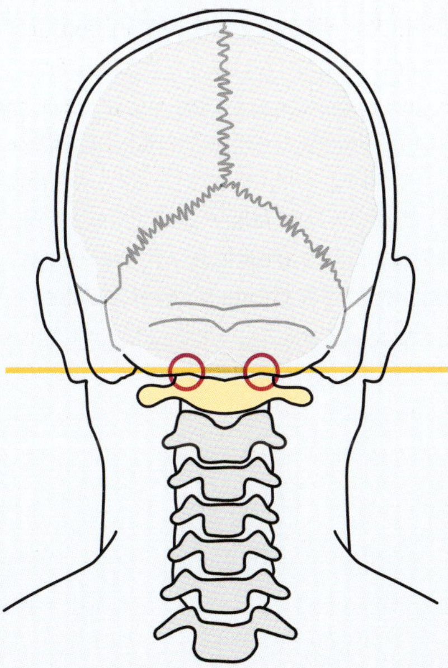

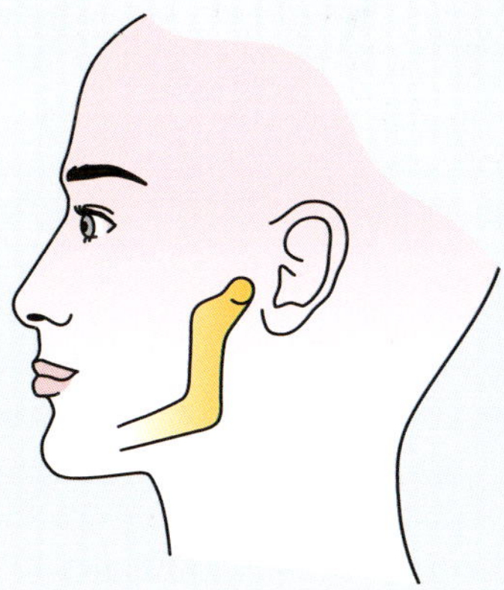

oben: Zwerchfell
unten links: Atlaswirbel mit eingezeichneten Gelenkflächen
unten rechts: Kiefergelenk

Innere Zweifel überwinden

Die meisten Menschen haben viel Zeit und Energie in ihre Ausbildung und in ihr Fachgebiet investiert und so einen Schatz an Können und Kompetenz zusammengetragen. Aber diese Schätze zu Gehör zu bringen, ist eine ganz andere Ebene und Herausforderung. Dann kommt wieder das mulmige Gefühl, das Sie vielleicht noch aus Schulzeiten oder von Referaten im Studium kennen. Von »Es geht schon irgendwie« über »Ich schaue, dass ich das schnell hinter mich bringe« bis hin zu »Vielleicht findet sich noch jemand anderer, der spricht« reichen die inneren Kommentare dazu.

Wie soll es Ihnen gelingen, überzeugend zu sprechen, wenn Sie gleichzeitig denken: »Andere werden immer besser gehört«, »Andere können ihre Leistung besser darstellen« oder »Die Vorschläge von anderen werden eher umgesetzt als meine und schlussendlich sind sie dadurch erfolgreicher«? »Warum springt bei mir der Funke nicht auf die Zuhörer über? So, dass alle aufhorchen, ich in meiner Fachkompetenz wahrgenommen werde und ich mich in meiner Funktion als Sprecher auch noch wohl fühle – denn diese Situationen werde ich jetzt öfters meistern müssen.«

Oft fehlt schlicht und einfach das Grundverständnis, dass es nicht nur auf das eigene Können ankommt, wenn man andere von etwas überzeugen möchte. Es genügt nicht, nur den Inhalt abzuspulen. Vielmehr sind spezielle Qualitäten des Sprechers gefragt, der mit seinen Inhalten die Zuhörer fesselt und bewegt.

Denn eine gute »Schreibtischkompetenz« geht nicht automatisch mit einer guten »Sprecherkompetenz« einher. Es ist für Sie sehr kontraproduktiv, wenn Ihre Stimme, Ihre Sprechweise, Ihr ganzer »Sprechauftritt« nicht das wiedergibt, was Sie ausstrahlen wollen. Das passiert, wenn Sie unbewusst Signale senden, die für Ihr Anliegen eher ein Hindernis sind, und die Zuhörer dadurch nicht wie gewünscht reagieren können.

Stellen Sie sich die Bürgermeisterkandidatin vor, deren Stimme in Debatten regelmäßig im Eifer des Gefechts schrill nach oben geht oder fast wegkippt. Trauen Sie ihr Stehvermögen zu? Oder der junge Wissenschaftler, der seine Forschungsergebnisse einem Wirtschaftsunternehmen präsentieren darf. Er wirft seine Ergebnisse mit hastiger Stimme hin, hält kaum Blickkontakt und wirkt sehr nervös. Würden Sie ihm eine längerfristige Zusammenarbeit anbieten?

Die Stimme entscheidet über die Karriere

Die Stimme ist ein wirkungsvoller und nicht zu unterschätzender Ausdruck unserer Persönlichkeit. Der stimmliche Ausdruck lässt sich auch mit einer erfolgreichen Karriere in Zusammenhang bringen.

Chefs und Personalentscheider reagieren auf die Stimme: Bewerber mit einer guten Stimme und Sprechweise werden anderen Bewerbern vorgezogen. Neben anderen Schlüsselqualifikationen, die selbstverständlich vorhanden sein müssen, hat die Ausdrucksfähigkeit eine hohe Bedeutung – für eine Führungskarriere sogar eine sehr bedeutende. Der Eindruck, den die Stimme vermittelt, spiegelt unsere gesamte Persönlichkeit wider und unsere Kommunikationspartner reagieren darauf. Die Stimme kann so also karrierefördernd oder karriereverhindernd wirken, wenn durch den Klang Fachkompetenz und Berufserfahrung unterstrichen oder eben verdeckt werden.

Aber die gute Nachricht ist: Stimmen sind veränderbar!

»Meine Stimme ist halt so« – diese Denkweise dürfen Sie getrost streichen. In jedem Menschen liegt dieser Schatz von häufig ungenutztem Potential brach. Meine Aufgabe als Trainerin und Coach ist es, diesen Schatz zu heben und zum Funkeln zu bringen.

Was macht eine »gute« Stimme aus?

Wie klingt eine Stimme, die von den Kommunikationspartnern als »gut« bezeichnet wird, die bei einem Gesprächspartner gut ankommt? Im Wesentlichen müssen drei Kriterien erfüllt sein:

- Die Stimme klingt klar und kräftig.
- Die Aussprache ist deutlich.
- Die Stimme hat eine voll klingende Tonlage.

Eine gute Stimme wird also zunächst einmal am »Wohlklang« festgemacht. Sie klingt klar und angenehm. Sie kennen das sicherlich auch, manchen Rednern könnten Sie stundenlang zuhören. Sie sind Ihnen sympathisch und wirken auf Sie kompetent. Bei anderen »überhören« Sie fast den Inhalt, da eine gepresste oder schrille Stimme vom Gesagten ablenkt. War es gut, was die Sprecherin vermitteln wollte? Das ging leider im unangenehmen Stimmklang unter.

Die Stimme transportiert alles – ob wir wollen oder nicht: Sympathie, Antipathie, Kompetenz, Vertrauen, Wärme, Unsicherheit, Überheblichkeit usw. Oft reagiert der Zuhörer unbewusst auf die Stimme, weil diese direkt über das limbische System im Gehirn die Emotionen des Menschen anspricht. Es ist also von großem Vorteil, wenn Sie schon bei den ersten Worten durch den Klang Ihrer Stimme positiv wirken: kompetent, vertrauenswürdig und souverän. Dadurch kommt eine Abfolge von inneren Verhaltensweisen bei Ihren Zuhörern in Gang:

- größere Bereitschaft, weiter mit offenem Ohr zuzuhören,
- weniger innere Widerstände,

- größere Aufmerksamkeit,
- bessere Wertschätzung,
- konstruktive Auseinandersetzung mit dem Gesagten,
- bessere Umsetzung,
- verbessertes persönliches Engagement
- und so letztendlich Erfolg für Ihr Anliegen.

Es spricht also alles dafür, sich darüber klar zu werden, wie Sie persönlich mit Ihrer Sprechweise auf andere wirken. Machen Sie sich also auf den Weg.

Warum geht das nicht so einfach?

Warum sprechen wir nicht einfach mit klarer, kraftvoller und überzeugender Stimme? Warum trauen wir uns nicht, uns zu zeigen und frei heraus zu sprechen? Kurz gesagt, weil wir Menschen sind. Weil die Stimme ein Teil unserer Persönlichkeit ist und sie uns in all ihren Facetten widerspiegelt. In eine bestimme Sprechsituation fließt alles ein, was uns in unserem bisherigen Leben geprägt hat, was unser Denken und Verhalten bestimmt. Unser Grundcharakter, unsere familiären Strukturen, Emotionen, der momentane Stress sowie erlernte Gedankenmuster beeinflussen unseren Klang und unsere Sprechweise. Und je nachdem wie angenehm, vertraut, unangenehm oder neu die Situation ist, lassen die Emotionen die Stimme eher fließen oder sie bremsen die Ausdrucksmöglichkeit. Schauen Sie sich doch die Einflussmöglichkeiten etwas genauer an und beantworten Sie sich selber einige Fragen:

Grundcharakter Bin ich eher ein Mensch, der leicht Emotionen zeigt, offen und unbeschwert auf andere Menschen zugeht, sich traut, seine Meinung zu äußern? Oder gehöre ich eher zu denen, die zurückhaltender sind, eher beobachtend und zuhörend; die erst einmal die Lage beobachten, ehe sie sich an einem Gespräch beteiligen? Fällt es mir leicht, mich einem Publikum zu zeigen, oder bleibe ich lieber im Hintergrund?

Familiäre Strukturen Es gibt Familien, in denen schon die Kinder in eine lautstarke Debattenkultur hineinwachsen, in der jeder seine Meinung frei äußern kann. In anderen Familien ist es verpönt, Gegenargumente zu äußern. Direkt oder indirekt wird ein freier Ausdruck im Keim erstickt.

Wo ist meine Position in der Familie? Gehöre ich zu den »Anführern« oder den »Ausführern«?

Was tut »man« nicht? Hat der Wunsch nach eigenem Ausdruck Platz oder muss der Rahmen gewahrt bleiben? Diese oft unausgesprochenen Regeln werden gerade von Kindern unbewusst übernommen und im späteren Leben weiter befolgt.

Emotionen Sicherheit oder Unsicherheit, Angst, Lampenfieber, Zweifel, Freude – sämtliche Emotionen sind in den verschiedensten Sprechsituationen beteiligt. Fällt es mir in aufregenden Situationen leicht, bei mir zu bleiben? Oder überwältigen mich schnell die Gefühle und schränken meine Handlungsfähigkeit ein?

In einem Gespräch im Freundeskreis kann ich frei, lustig und unbeschwert sprechen. Beim Termin mit meinem Chef, bei dem ich um eine Gehaltserhöhung bitte, ist wahrscheinlich mehr Beklemmung dabei.

Der Wunsch, bei einer Präsentation vor einem wichtigen Kunden alles richtig zu machen, setzt mich eher unter Druck. Und die Sorge, wie meine Kollegen eine schlechte Nachricht wohl aufnehmen werden, lässt mich nicht frei heraus sprechen.

Zeitdruck Der Alltag ist geprägt von diesen Stressmomenten: Zu viel ist zu tun in zu kurzer Zeit, enorm wichtige Inhalte müssen dem Kunden vermittelt werden, obwohl der Zeitrahmen knapp ist – solche Situationen lassen kaum (Frei-)Raum. Stelle mir in meiner Zeitplanung selbst immer wieder diese Fallen? Übernehme ich zu viele Aufgaben, weil es mir schwerfällt abzulehnen oder zu delegieren?

Dies überträgt sich auf das ganze Verhalten – auch darauf, wie die Stimme gebraucht wird. Wie soll die freie Entfaltung meiner Stimme gelingen – und damit ein guter Klang, wenn ich so unter Druck stehe?

Stimmliche Erfahrungen Negative Erfahrungen, die im Zusammenhang mit einem öffentlichen Sprechen gemacht wurden, können Menschen prägen. Ein Vorsingen in der Schule ist nicht geglückt und ein Mitschüler machte eine blöde Bemerkung dazu, bei einem Referat saß ein Frosch im Hals oder bei der ersten Verabredung mit dem Angebeteten kam die Stimme nur sehr piepsig. Wie gehe ich mit Kritik von außen um? Kann ich sie gut verarbeiten und sachlich berechtigte Rückmeldungen von persönlichem Angriff trennen? Oder nehme ich mir alles sehr zu Herzen?

Denn alles kann tief im Innersten gespeichert werden. Die Situation ist zwar längst vorbei und scheint vielleicht auch schon vergessen – in bestimmten Situationen kommt diese Erfahrung jedoch wieder an die Oberfläche und verhindert einen freien stimmlichen Ausdruck.

Körperliche Auswirkungen

All diese vielfältigen emotionalen Faktoren schlagen sich auf unseren Muskeltonus nieder. Sie äußern sich in Verspannungen in Schultern und im Nacken. Die Anspannung nimmt uns den Atem. Der Atem wird flach und der Atemfluss gerät ins Stocken. Der Körper schaltet quasi auf ein Notprogramm um. Der Mut zum freien Ausdruck wird geringer. Die Stimme und allen Strukturen, die daran beteiligt sind, wissen nun nicht mehr genau, ob nun ein Klang nach draußen soll oder lieber doch nicht. Das nimmt unmittelbar Einfluss auf die Möglichkeiten der Klangqualität und damit wiederum auf die Wirkung unserer Stimme.

Je besser wir mit den Vorgängen der Stimmtechnik vertraut sind, desto unabhängiger wird der Klang von diesen genannten Einflüssen. Wenn unser Körper »weiß«, wie er eine klangvolle Stimme erzeugen kann, gelingt das auch in stressigen Situationen in einer guten Qualität.

Drei Bausteine für die Entfaltung der Sprecherpersönlichkeit

Das Wunderbare an der Auseinandersetzung mit der eigenen Stimme ist, dass vielfältige Faktoren zusammenwirken. Die Stimmtechnik ist ein Teil davon. Dabei wird der ganze Körper gefordert. Dazu kommt der Einfluss der inneren Einstellung, die das Denken und Handeln bestimmt. Alles wird im Stimmklang hörbar. Zur Erzielung eines souveränen, gewinnenden und erfolgreichen Sprechauftritts ist eine Auseinandersetzung mit der ganzen eigenen Person notwendig. Die Grundlage dafür bilden in meiner Arbeit drei Bausteine:

Persönlichkeit zeigen: körperliche Präsenz

Hierbei geht es um die Körperhaltung und die körperliche Energie, welche die Stimmfunktion und Ihre »Bühnenpräsenz« unterstützt. Und mit »Bühne« meine ich einfach Ihren Platz als SprecherIn im Büro, am Telefon, am Rednerpult oder auf der Party.

Persönlichkeit hören: Stimmtraining, Sprechtraining

In diesem Baustein beschäftigen wir uns damit, wie die Atmung den Stimmklang unterstützt und wie Sie Ihr volles Stimmvolumen nutzen können. Welche Sprechweise macht es Ihren Zuhörern leicht, Ihnen zu folgen und Ihre Inhalte aufzunehmen?

Persönlichkeit sein: Kontakt zu mir und zum Publikum

Im dritten Baustein geht es darum, wie Sie einen guten Kontakt zu sich und zum Publikum aufnehmen – egal ob es sich um einen einzigen Zuhörer handelt oder der Saal voll ist. Welche inneren Einstellungen und Gedankenmuster begleiten Sie dabei? Welche Konzepte unterstützen Sie und welche stören Kontakt zum Zuhörer?

Netzwerk Stimme

Diese Bausteine stehen jedoch nicht jeder für sich allein. Vielmehr greifen die einzelnen Faktoren immer ineinander. Beschäftige ich mich z.B. mit meiner Körperhaltung, ist das eine gute Grundlage für die Resonanzverhältnisse der Stimme. Verhaltensmuster in der Stimmführung zeigen oft Anteile von persönlichen Verhaltensmustern auf. Erarbeite ich Gedankenmuster, die mich stärken und souveräner werden lassen, ist das auch an der Körperhaltung sichtbar. So laufen in der Stimme unsere gesamten Ausdrucksformen zusammen: Körpersprache, Mimik, Sprechweise, Stimmklang, die getragen sind von unseren individuellen Denk- und Verhaltensweisen.

Seien Sie sich also bewusst, dass Ihre gesamte Sprecherpersönlichkeit wirkt. Ihre fachliche Qualifikation und Ihre persönlichen Kompetenzen zeigen sich durch einen selbstsicheren, selbstbewussten und gewinnenden Sprechauftritt. Egal, welchen Baustein Sie sich herausgreifen, Sie werden immer auch eine Auswirkung auf die anderen Bereiche erfahren.

Bausteine meiner Arbeit

So erkennen Sie eine Stimmstörung

Manche Probleme lassen sich nicht mit den Methoden des Buches beheben, da hilft nur der Gang zum Arzt. Lernen Sie, die Symptome richtig zu deuten.

»Darf ich mich vorstellen? Mein Name ist Stimmstörung. Funktionelle Stimmstörung. Was?! Sie meinen, Sie kennen mich gar nicht? Müssen Sie sich vielleicht beim Sprechen öfters räuspern oder husten, obwohl Sie nicht erkältet sind? Oder haben Sie das Gefühl, ein kleiner Fremdkörper oder ein Kloß sitzt Ihnen in der Kehle? Sind Sie vielleicht schnell heiser, wenn Sie länger gesprochen haben? Sie kennen mich also doch! Denn das alles bin ich: die funktionelle Stimmstörung! Alles deutet darauf hin, dass Sie während des Sprechens irgendetwas nicht ganz richtig machen und Ihre Stimmbänder dadurch nicht mehr so mühelos und regelmäßig schwingen. Und ich bin da: die funktionelle Stimmstörung.«

Die Symptome richtig deuten

Von einer Erkältung kennen das alle: Die Stimme klingt heiser, belegt und rau. Nach etwa einer Woche ist der Spuk wieder vorbei und alles klingt wieder in gewohnter Weise. Was aber ist los, wenn man gesund ist, die Stimme aber dennoch einen auffälligen Klang hat oder man schnell heiser wird?

Stimmt die Stimmtechnik nicht und spricht man dauerhaft mit zu viel oder zu wenig Spannung, geraten die Stimmlippen außer Tritt. Sie schwingen nicht mehr regelmäßig und sie schließen nicht mehr vollständig. Dadurch verändert sich der Klang und es machen sich erst mal nur kleine Missempfindungen bemerkbar. In manchen Fällen können auch Veränderungen an den Stimmlippen entstehen, die dann die Schwingung beeinträchtigen und den Klang verändern und unsere Ausdruckskraft einschränken.

Leider wird die Stimmstörung oft überhört und abgetan mit „Meine Stimme ist halt so“. Eine Untersuchung beim Facharzt würde jedoch eine sog. funktionelle oder organische Dysphonie ergeben. Abhilfe zu schaffen ist in der Regel kein Problem. Sie erhalten eine Verordnung für eine Stimmtherapie bei einer Logopädin oder Stimmtherapeutin. Die Kosten dafür werden (mit Ausnahme der üblichen Zuzahlungen) von der Krankenkasse übernommen. Sie haben dann die wunderbare Möglichkeit, mit der Therapeutin eine gute Stimmtechnik zu erlernen und den Reichtum ihrer Stimme zu entdecken.

Mithilfe des folgenden Fragebogens können Sie herausfinden, ob ein Gang zum Hals-Nasen-Ohren-Arzt für Sie sinnvoll ist. Bitte füllen Sie den Fragebogen aus, wenn Sie nicht erkältet sind. Wenn Sie sich wiedererkennen und bei mindestens einem Punkt »oft« oder »immer« angekreuzt haben, empfehle ich Ihnen eine Untersuchung durch einen Hals-Nasen-Ohren-Arzt.

Wie geht es Ihrer Stimme?

	nie	manchmal	oft	immer
Meine Stimme klingt heiser.	☐	☐	☐	☐
Mit bleibt die Stimme weg.	☐	☐	☐	☐
Ich empfinde das Sprechen (nach kurzer Zeit) als anstrengend.	☐	☐	☐	☐
Ich spüre einen Druck im Hals.	☐	☐	☐	☐
Mein Hals/Mund ist trocken.	☐	☐	☐	☐
Ich muss mich oft räuspern.	☐	☐	☐	☐
Es brennt oder kratzt im Hals.	☐	☐	☐	☐
Es fällt mir schwer, laut zu rufen. Meine Stimme hat dann keine Kraft und trägt nicht.	☐	☐	☐	☐
Im Vergleich zu anderen Geschlechtsgenossen ist meine Stimme sehr hoch.	☐	☐	☐	☐
Meine Zuhörer müssen oft nachfragen, weil ich so leise spreche.	☐	☐	☐	☐
Meine Stimme wird im Laufe des Tages schlechter.	☐	☐	☐	☐
Ich werde oft gefragt, ob ich erkältet oder heiser bin.	☐	☐	☐	☐
Nach der Arbeit möchte ich am liebsten gar nicht mehr sprechen oder telefonieren.	☐	☐	☐	☐
Ich knirsche mit den Zähnen und/oder meine Kiefermuskulatur ist angespannt.	☐	☐	☐	☐

Persönlichkeit ausstrahlen: Körperhaltung

Schon lange vor dem ersten Wort beginnt unsere Persönlichkeit zu wirken: Wie trete ich auf, welche Ausstrahlung habe ich, welchen Raum nehme ich ein?

»Das kenne ich doch – gerade soll man sich hinstellen« – vielleicht haben Sie sich das auch gedacht, als Sie die Überschrift dieses Kapitels gelesen haben.

Über- oder Unterspannung

Im Prinzip ist das ja richtig, aber was heißt ›gerade‹ und wie machen Sie es am besten, so dass Sie wirklich davon profitieren? Häufig beobachte ich, dass meine Klienten bei ihren Selbstversuchen, die Haltung zu verbessern, geradezu vom Regen in die Traufe kommen: Aus einer zu laschen Körperhaltung wird schnell eine Haltung mit Überspannung. Im Sitzen wird daraus dann oft ein Hohlkreuz, im Stehen wird die Brust nach vorne geschoben und dazu vielleicht noch das Kinn gehoben und die Knie werden durchgedrückt. Viel zu viel Anspannung!

Aber auch das Gegenteil beobachte ich oft: Der Redner möchte möglichst locker, »hemdsärmelig« bei den Zuhörern ankommen. Durch eine möglichst »legere« Haltung möchte er seine Verbundenheit signalisieren und auf Augenhöhe sein. Dabei kann es jedoch leicht passieren, dass nicht mehr genügend Körperspannung für die sprecherische Präsenz vorhanden ist. Die Stimme und das gesamte Auftreten haben nicht mehr genügend Energie. Es braucht also eine Haltung, die Sie einerseits genügend unterstützt und andererseits Sie nicht übermäßig anstrengt – eine Haltung mit der Sie überzeugen, weil Sie sich damit wohlfühlen und Ausstrahlung haben.

Niklas und Clara – Können sie überzeugen?

Niklas‘ Vorstellungsgespräch

Niklas hat eine Einladung zum Vorstellungsgespräch erhalten. Seine Wunschfirma war wohl von seinen Bewerbungsunterlagen überzeugt. Kann er auch persönlich eine gute Wirkung erzielen und schon beim ersten Eindruck punkten?

»Inhaltlich war das ja ganz gut, aber einen bleibenden Eindruck hat er nicht hinterlassen. Unsere Firma braucht da jemanden mit einer repräsentativeren Ausstrahlung.«

Claras Meeting

Clara ist das erste Mal auf einem beruflichen Netzwerktreffen, um neue Kontakte zu knüpfen und ihr Start-up voranzubringen. Lauter tolle Frauen sind da, stellt sie für sich fest. Schafft Sie es, gesehen zu werden, oder bleibt sie eher Mauerblümchen?

»Ach ja, da war noch eine Clara ... So eine blasse Erscheinung. Gute Ideen hatte sie ja, aber mit dem Auftreten wird sie wohl schwer neue Auftraggeber überzeugen.«

Warum ist die Haltung so wichtig?

Bei einer »guten« Haltung ist Ihre ganze Körpergröße gefragt – ja mehr noch: es ist der gesamte Raum, der Ihnen in alle Richtungen zur Verfügung steht. Beobachten Sie sich selbst: Meist fallen wir ein wenig in uns zusammen: Die Schultern hängen oder das Becken ist zu weit nach vorne geschoben. Insgesamt wirken wir kleiner, als wir wirklich sind. Die Variationsbreite ist dabei sehr vielfältig.

Für eine gute Stimmgebung und eine wirkungsvolle Ausstrahlung ist jedoch wichtig, dass wir unsere gesamte Größe zeigen. In Zentimetern – aber: getragen von unserer inneren Größe.

Denn es geht dabei nicht um eine von »außen« aufgesetzte Körperhaltung. Sondern um eine Größe in der Weise, die dem Körper ein natürliches Wachstum von innen ermöglicht und nicht nur eine künstliche, eine »gemachte« Positur ist.

Haltung als Basis für die Atmung

Eine wohlklingende Stimme braucht eine gut funktionierende Atmung. Dafür ist eine aufgerichtete Haltung unerlässlich. Nur so erhält das Zwerchfell, unser Haupt-Atemmuskel, Platz und Raum, um gut zu funktionieren. Je eingesunkener der Körper ist, desto schwerer fällt die Bauchatmung. Das Zwerchfell kann den Ausatemstrom nicht genügend unterstützen, um die Stimmbänder in regelmäßige

Schwingungen zu versetzen. Die Atmung findet dann eher im Brustraum statt und die Stimme klingt resonanzarm, matt und ohne Glanz. Auf Dauer kann das zu Problemen mit der Stimme führen.

Die Stimme braucht den ganzen Körper

Die Stimme braucht aber nicht nur die Unterstützung durch das Zwerchfell. Resonanz, Kraft und Klarheit bezieht die Stimme aus dem ganzen Körper. Ein dauerhaftes muskuläres Ungleichgewicht macht es jedoch der Stimme schwer, frei zu schwingen und Resonanz zu erzeugen. Anspannungen im Körper übertragen sich auch als Anspannungen in der Kehlkopf- und der Stimmlippenmuskulatur. Machen Sie doch mal das Experiment und spannen Sie z. B. bewusst die Pobacken an oder verstärken Sie eine Anspannung in den Schultern. Wohin setzt sich diese Anspannung fort: Bauch, Atmung, Kehlkopf?

Ebenso verhängnisvoll wirkt sich eine Unterspannung im Körper aus. Der Körper ist nicht wirklich beteiligt und der Kehlkopf versucht, das allein auszugleichen. Dafür ist er aber nicht vorgesehen. Eine Überbeanspruchung der feinen Muskulatur im Kehlkopf ist die Folge und die Stimme kann kein angenehmes Klangvolumen herstellen. Die Stimme klingt matt, klingt gepresst und quäkig. Das kann bis zu einer Heiserkeit gehen, die mit einer Erkältung nichts zu tun hat. Wenn Sie mit diesem Klang Kompetenz, Klarheit und Überzeugungskraft erzielen wollten, hätten Sie große Mühe.

Daher gelingt eine gute, klangreiche Stimme nur, wenn der Körper in seiner ganzen Größe sein darf, die Gelenke frei beweglich sind und die Muskulatur im Gleichgewicht ist. Gleichzeitig wird ein genügend mitschwingender Resonanzraum bereitgestellt, sodass sich das Volumen mühelos entfalten kann. Und das erreichen Sie durch eine geöffnete, freie, aufgerichtete Körperhaltung.

Wirkung auf mich selbst

Zu diesen physiologischen Vorteilen kommt nun der gewichtige und mitentscheidende Faktor: Wenn Sie bewusst Ihre ganze Größe einnehmen, sich Ihren Raum nehmen und diesen ausfüllen, wird sich das auch auf Ihr inneres Gefühl, auf Ihre Selbstsicherheit, auswirken.

Es gibt immer wieder Sprechsituationen, in denen Sie sich nicht hundertprozentig wohlfühlen, unsicher sind oder sie sich vielleicht nicht ganz auf Ihre Kompetenz verlassen können. Durch eine souveräne, von innen aufgebaute, Körperhaltung tun Sie so, »als ob« sie sicher und kompetent wären. Sie werden erstaunt sein, wie sich nach einiger Zeit Ihre Einstellung zu eine derartigen Sprechsituationen wandelt und Sie mit mehr Selbstbewusstsein an die Aufgabe herangehen.

Wirkung auf die Zuhörer

Je besser Sie sich selbst wahrnehmen, desto besser werden Sie auch von Ihren Zuhörern wahrgenommen. Sie haben es sicherlich schon selbst erlebt, wie unterschiedlich Redner allein durch Ihr körperliches Auftreten wirken. Der Redner betritt mit einer natürlichen Authentizität die Bühne und Sie sind sofort aufmerksam – noch vor dem ersten Wort.

Wenn Sie mit Ihrem Anliegen bei anderen ankommen wollen, brauchen Sie diese größtmögliche Präsenz. Ein »Da-Sein« auf der ganzen Linie.

Sie erlauben sich damit, Ihren natürlichen Raum einzunehmen und ihn mit Ihrer Ausstrahlung zu füllen. Eine Größe, die Sie auch innerlich ausfüllen – und das ist mehr als ein »Ich stelle mich gerade hin«. Denn wir wollen keine Starrheit in der Körperaufrichtung. Gerade für die Stimme brauchen wir immer Flexibilität, schließlich soll der Körper bei den Bewegungen der Stimmlippen mitschwingen.

Und das wirkt sich auch auf unser Denken und Handeln aus: Ein flexibler Körper bedeutet flexibles Denken und das führt zu flexiblem Handeln. So erlangen Sie genügend Rückgrat und innere Stärke, um nicht in eine Beliebigkeit abzugleiten.

Sie werden von Ihren Zuhörern klarer wahrgenommen und Ihre Kompetenz, Ihre Expertise, Ihre gesamte Persönlichkeit zeigen sich.

Das können Sie tun

Schenken Sie Ihrem gesamten Körper mehr Aufmerksamkeit. Machen Sie sich bewusst: Der Kopf ist für das Denken zuständig, aber für die mündliche Übermittlung Ihrer Gedanken ist der ganze Körper im Einsatz! Lernen Sie Ihre Gewohnheiten kennen:

- Lasse ich Kopf und Schultern hängen?
- Müssen meine Schultern den Rumpf »tragen«?
- Wo sitzen die Verspannungen?
- Welche Bewegungen sind mühsam? Was verursacht sogar Schmerzen?
- Kann ich während des Sprechens meinen Körper wahrnehmen?

Beobachten Sie Ihr inneres Verhalten und ihre Emotionen:

- Traue ich mich, meinen Raum einzunehmen?
- Traue ich mich, mich zu zeigen?
- Fürchte ich mich, mehr »Angriffsfläche« zu bieten, wenn ich mich nicht mehr verstecke?
- Stärkt mich die Aufrichtung der Wirbelsäule von innen heraus?

Im folgenden Übungsteil erfahren Sie, wie Sie zu mehr körperlicher Balance gelangen. Lassen Sie sich überraschen, wie durch diese Veränderung auch Ihr Denken und Handeln davon profitieren.

Etablierung der Sprecherpräsenz

Setzen Sie sich auf einen Stuhl oder stellen Sie sich hin und geben Sie Ihrem Körper die folgenden Gedanken als Wegweiser:

- Mein Kopf sitzt frei und leicht oben auf der Wirbelsäule.
- Mein Kopf kann jederzeit nach oben gehen – ich wachse über mich hinaus.
- Meine Wirbelsäule und der Rumpf folgen der Richtung des Kopfes und richten sich auf.
- Meine Schulten können in die Weite gehen.
- Ich nehme die Richtung nach oben wahr – ich nehme den Kontakt der Füße zum Boden bzw. vom Becken zur Sitzfläche wahr – ich nehme meine Vorderseite wahr – ich nehme meine Hinterseite wahr.
- Ich nehme den Raum in mir wahr.

Die Giraffe ruht in sich. Sie hat einen guten Überblick. Die Wirbelsäule wird optimal vom Kopf in die Länge geführt.

- Ich nehme den Raum um mich herum wahr.
- Diesen Raum fülle ich ganz bewusst mit der Energie meiner ganzen Größe.
- Meine innere Energie strahlt nach außen, meine Sprecherpräsenz ist eingeschaltet.

Dieser Vorgang benötigt am Anfang etwas Zeit, um die Gedankenschritte nacheinander im Körper zu verorten. Diese Zeit sollten Sie sich auch unbedingt nehmen! Je geläufiger Ihnen dieser Gedankengang wird, desto schneller funktioniert der Ablauf, bis alles zusammen gleichzeitig in kürzester Zeit abläuft.

Bewusstes Innehalten

Halten Sie mindestens einmal am Tag bewusst inne und registrieren Sie, wie viel sich von Ihrer ganzen Größe im Moment Raum nehmen kann. Dazu eignen sich auch sehr gut Zeiten, in denen Sie irgendwo stehen und warten, z.B. auf den Bus, an der Supermarktkasse, auf den Lift.

Wenn sie möchten, erlauben Sie dann wieder ihrem Kopf, nach oben zu gehen und frei und leicht auf der Wirbelsäule zu balancieren. Durch diesen Impuls kann sich Ihr gesamter Körper längen und weiten. Sie nehmen wieder Ihre ganze Größe ein.

Anwendung

Nehmen Sie sich vor Ihrer nächsten Sprechsituation einen kurzen Moment Zeit, Kontakt mit ihrer ganzen Größe aufzunehmen.

- Beobachten Sie, wie Sie sich fühlen, wenn Sie den Menschen gegenübertreten.
- Beobachten Sie, wie Ihre Stimme klingt, wenn Sie in einer freien, geöffneten Körperhaltung sprechen.
- Beobachten Sie, wie Ihre Stimme klingt und wie es sich anfühlt, wenn Sie eine kleine, enge Körperhaltung einnehmen.

Suchen Sie sich zum Üben zunächst Situationen aus, die für Sie leicht zu bewältigen sind, z.B. beim Bäcker, beim Plausch mit den Kollegen in der Teeküche usw.

Niklas und Clara stehen nun zu ihren Überzeugungen

Niklas hat gelernt, wie er mit einem kurzen Innehalten und kleinen mentalen Wegweisern mehr Kontakt zu seinem Körper aufbauen kann. Seine Strahlkraft ist für jeden spürbar.

Und Clara sieht man sofort an, dass sie von ihren Ideen überzeugt ist und sie mit Energie umsetzen kann. Beide »verkörpern« ihre Überzeugungen.

Alexander-Technik

Bei der körperlichen Basisarbeit für eine ausdrucksstarke Stimme greife ich auf die Vorgehensweise und Philosophie der F.M. Alexander-Technik zurück.

Diese Technik wurde von dem australischen Schauspieler Frederick Matthias Alexander (geboren 1869 in Wynyard, Australien; gestorben 1955 in London) begründet. Als junger, talentierter Schauspieler liebte er besonders die Rezitation großer Shakespeare-Monologe. Einige Jahre nach Beginn einer vielversprechenden Karriere begann er, unter Heiserkeit zu leiden, die regelmäßig während seiner Darbietungen auftrat. Immer wieder versagte seine Stimme. Diese Schwierigkeiten drohten, seiner Karriere ein Ende zu setzen. Medizinische Behandlungen und Sprechtraining brachten zu seiner großen Enttäuschung nicht den gewünschten Erfolg.

Selbststudium

Daher entschloss sich Alexander, den Ursachen seiner Beschwerden selbst auf den Grund zu gehen. Er begann, sein Verhalten mithilfe von Spiegeln zu beobachten, und entdeckte grundlegende Zusammenhänge zwischen seiner Stimme und der gesamten Körperkoordination.

Er fand schließlich heraus, wie er seine Anspannungsreaktionen stoppen konnte: Er folgte nicht seinem ersten, gewohnheitsmäßigen Impuls, sondern hielt zunächst inne. Dann gab er sich mentale Anweisungen, denen der Körper folgen konnte: »Ich lasse meinen Hals frei und erlaube dem Kopf nach oben zu gehen. Meine Wirbelsäule kann sich längen und mein Rumpf kann sich weiten.«

Vom Schauspieler zum Lehrer

Durch das große Interesse und Nachfragen seiner Schauspielkollegen sowie befreundeter Ärzte sah sich Alexander veranlasst, seine Erfahrungen und Erkenntnisse weiterzugeben. Auf diese Weise entwickelte sich Alexander allmählich vom Schauspieler zum Lehrer. Mit der Zeit wurde die Lehrtätigkeit zu seinem Lebensinhalt. Er unterrichtete zunächst in Sydney und Melbourne, ab 1904 in London und zeitweise auch in den USA. Seit den frühen zwanziger Jahren bildete Alexander seine Studentinnen und Studenten auch dazu aus, ihrerseits seine Methode zu unterrichten.

Im Alter von 78 Jahren erlitt Alexander einen schweren Schlaganfall mit linksseitiger Lähmung. Aber durch Anwendung seiner Methode gewann er innerhalb eines halben Jahres die Kontrolle vollständig zurück. Er nahm seine tägliche Unterrichtstätigkeit wieder auf und unterrichtete bis zwei Wochen vor seinem Tode im Alter von 86 Jahren.

Alexander-Technik heute

Heute gibt es weltweit ca. 3000 Lehrerinnen und Lehrer für die Alexander-Technik. So profitieren Menschen mit den unterschiedlichsten Bedürfnissen und Anforderungen von dieser Methode: Musiker, Sprecher, Hausfrauen, Sportler, Schwangere, Lehrer, Büroangestellte, Manager, Computerspezialisten, Tänzer, Zahnärzte etc. Sie lernen, ihren Körper in den verschiedensten Alltagssituationen so einzusetzen, dass sie Verschleiß vorbeugen, Schmerzen lindern und mehr Vitalität gewinnen.

Vorgehensweise

In der Alexander-Technik gibt es keine klassischen Übungen. Die Prinzipien der Arbeit sind vielmehr ein achtsames Beobachten und Innehalten im Alltag, um den eigenen störenden Bewegungsmustern auf die Spur zu kommen. Die Anwendung der mentalen Anweisungen, wie Alexander sie formulierte, erlauben schließlich die Befreiung von hinderlichen Gewohnheiten und einschränkenden Spannungsmustern. Eine gelöste, freie Körperkoordination kann sich etablieren.

Die Hände des Lehrers unterstützen im Unterricht der Alexander-Technik bei diesen Prozessen.

Persönlichkeit hörbar machen: überzeugen

»Vertont« Ihre Stimme das, was Sie vermitteln wollen? Ist Ihr Ausdruck so variabel, dass er sich verschiedenen Situationen und Notwendigkeiten anpassen kann?

Wie wollen Sie wirken?

Wenn Sie sich überlegen, wie Sie in Ihrer beruflichen (oder auch privaten) Umgebung wirken möchten, legen Sie Ihren Fokus doch einmal auf den Stimmklang. Können Sie in verschiedenen Situationen unterschiedliche Klangqualitäten beobachten? Können Sie bewusst auf einen bestimmten Klang zugreifen, um eine bestimmte Wirkung zu erzeugen?

Ein vertrauliches Gespräch unter vier Augen braucht eher einen einfühlsamen, warmen Ton. Für die große Ansprache, die die Zuhörer aufrütteln soll, ist eine kraftvolle, resonanzreiche Stimme notwendig. Ein persönliches Coaching, eine Verkaufssituation, eine Meinungsverschiedenheit, ein Kündigungsgespräch, eine Liebeserklärung – die Sprechsituationen im beruflichen und privaten Alltag sind vielfältig,

Unsere Stimme ist von Natur aus so variabel, dass sie diese Vielfalt ausdrücken kann. Meist passen wir unbewusst unsere Tonlage an die Situation an – die zugrundeliegende Emotion bestimmt den Klang. Weitreichende Konsequenzen hat es allerdings, wenn Einschränkungen wie eine zu hohe Tonlage, mangelnde Kieferbeweglichkeit oder ein gepresstes Sprechen ein feststehendes Muster darstellen. Wenn wir also gar nicht mehr anders sprechen können. Die Wirkung ist dann immer gleich, egal ob sie zur Situation passt oder nicht. Verhängnisvoll ist dies vor allem, wenn wir uns dessen nicht bewusst sind. Wir merken nur an der Reaktion der Zuhörer, dass wir nicht die gewünschte Wirkung erzielen können. So hat sich z.B. die ganze Familie an eine mädchenhaft hohe Stimme vielleicht schon gewöhnt, für die erwachsene Frau mit Führungsambitionen mag sie jedoch zu einem Hindernis werden. Denn die kindlichen Aspekte der hohen Stimme werden instinktiv nicht einer kraftvollen Führungsqualität zugeordnet.

Neben diesen manifestieren Gewohnheiten beim Sprechen sind es manchmal auch ungewohnte Herausforderungen, die an die Stimme gestellt werden: Sprechen in einem großen Raum ohne Mikrofon, Sprechen bei Hintergrundgeräuschen, Sprechen über mehrere Stunden.

Sophie, Julius und Charlotte wollen etwas erreichen

Da ist nun der große Tag gekommen: Sophie steht vor ihrer wichtigen Präsentation, die entscheidet, ob der Kunde den Auftrag an ihre Firma vergibt. Julius hält seinen ersten großen Fachvortrag auf einem Kongress vor den kritischen Kollegen und Charlotte hat als Rechtsanwältin ein Plädoyer für einen Mandanten vor Gericht vor sich, das für das spätere Urteil mitentscheidend sein kann.
Alle möchten mit ihren Inhalten glänzen und ihre Zuhörer mit ihren Argumenten überzeugen. Trotz der Vorbereitung sind sie sich nicht sicher, ob alles so bei ihrem Publikum ankommt, wie sie sich das wünschen.
Unsere Stimme ist eines unserer besten, individuellsten und subtilsten Ausdrucksmittel und damit ein wesentlicher Faktor unserer Kommunikation. Mit dem Stimmklang schwingt unter dem Inhalt der Worte vieles mit. Mit dem Klang unserer Stimme werden unmittelbar unsere Emotionen transportiert. Unsere Zuhörer machen dies nicht immer am Stimmklang fest, doch in ihren Aussagen spiegelt sich die Wirkung der Stimme wider:
»Inhaltlich wäre es ja ganz interessant gewesen, aber nach den ersten Sätzen hatte ich Mühe, mich darauf zu konzentrieren. Sophies Stimme ist mir irgendwie auf die Nerven gegangen. Als Chefin möchte ich so jemanden jedenfalls nicht haben.«
»Also, so wie Julius sich angehört hat, hat er mich nicht überzeugt. Viel Erfahrung scheint er nicht zu haben.«
»Wieder einmal viel zu emotional, die Kollegin Charlotte. Die kann man doch nicht ernst nehmen«.
Möchten wir mit unserem gesprochenen Wort überzeugen, ist es also äußerst wichtig, dass der Stimmklang auch das transportiert, was wir ausdrücken möchten.

Verstehen Sie genug von Stimmtechnik, um die Stimme dann klangvoll einzusetzen?

Wodurch erzielen Sie die gewünschte Wirkung?

Wenn wir etwas genauer schauen, können wir auch herausfinden, wodurch die spezifische Wirkung entsteht. Wir wissen, was aus stimmtechnischer Sicht dazu beiträgt, dass ein bestimmter Klang entsteht, der beim Zuhörer eine spezifische Wirkung bzw. sogenannte »Resonanz« auslöst.

Als Resonanz wird in der Akustik das deutlich bemerkbare Mitschwingen von Saiten bei Tönen bezeichnet. Für unser sprecherisches Umfeld greifen wir dieses Phänomen des Mitschwingens im übertragenen Sinne auf: Wir erzielen Reaktionen, Zustimmung und Widerhall.

Damit dies bei unseren Zuhörern entsteht, muss die Schwingung zuerst aber in uns entstehen. Der Klang unserer Stimme braucht in uns die bestmöglichen Resonanzräume, um zum Klingen zu kommen.

Ausdruck des Stimmklangs

Was drückt der Stimmklang aus?	Wodurch entsteht das?
Geborgenheit und Vertrauen, sachliche Gelassenheit, Einfühlungsvermögen, Freundlichkeit, Sympathie	gute Resonanzen im ganzen Körper, viel Brustresonanz mit tiefen Stimmanteilen, weiche Stimmeinsätze, melodische Stimmführung, Sprecher ruht in sich selbst, hat einen guten Kontakt zu sich selbst
(natürliche) autoritäre Anteile, Überzeugungskraft, Kompetenz, Durchsetzungsfähigkeit, Souveränität, Glaubwürdigkeit, Entscheidungsfähigkeit	Klarheit in der Stimmgebung mit angemessener Lautstärke, dynamische Melodieführung bewusster Zugriff auf die Resonanzen, klare Stimmführung
Lebendigkeit, Begeisterungsfähigkeit	variable Melodieführung, bewusste Betonungen, gute Resonanzen, auch bei mehr Lautstärke
Schüchternheit, Ängstlichkeit, übertriebene Freundlichkeit, Unterlegenheit, Vorsicht, Naivität, Inkompetenz	behauchte, überhöhte, leise Stimme, oft verbunden mit häufiger Lächelstellung, Melodie steigend oder in der Schwebe (Höhenbetonung), wenig tragfähige Resonanzen Beachte: Kinderstimmen sind hoch. Dies prägt stark unsere Wahrnehmung und die Wirkung.
manipulatives Verhalten, Bedrängung, Provokation von Konflikten	überlautes, gepresstes, aggressives Sprechen

Was drückt der Stimmklang aus?	Wodurch entsteht das?
Schwachheit, Angeschlagenheit, Krankheit, keine Belastungsfähigkeit	heiserer Stimmklang
ungewollte Erotik, ungewollte Vertraulichkeit, ungewollte bedrängende Distanzminderung	hauchiger Stimmklang

Die unterschiedliche Wirkung von Stimmen erleben wir also durch ganz bestimmte Klanganteile, Sprechcharakteristika oder die Stimmführung, die in ihrer Wirkung ineinanderfließen. Meist ist es dem Sprecher jedoch nicht bewusst, wie er die Stimme einsetzt und welche Wirkung er damit erzielt – aber auch welches Potential er nicht ausschöpft.

Wie klingt Erfolg?

Wenn wir erfolgreich sind, werden wir in der Regel in unserer Kompetenz wahrgenommen. Die Zuhörer verbinden mit Kompetenz oft folgende Eigenschaften:

- über das eigene Fachgebiet gut Bescheid wissen
- gut und souverän das Wissen vermitteln können
- klare Standpunkte vermitteln
- sicherer Umgang mit Gegenargumenten
- Sachlichkeit gepaart mit Freundlichkeit
- eigenes Thema ernst nehmen und in die Tiefe gehen
- für das eigene Anliegen begeistern können

Jemandem, den wir für kompetent erachten, schenken wir also mehr Vertrauen, trauen ihm mehr zu oder führen dessen Anweisungen eher aus, weil wir den Sachverstand dahinter spüren. Wir schätzen dessen Meinung und übertragen ihm Verantwortung. Das sind alles Grundlagen für einen beruflichen Erfolg.

Mittlerweile haben einige Studien gezeigt, dass Zuhörer einem bestimmen Stimmklang Attribute wie Kompetenz und Führungsqualität zuordnen. Die Stimme entscheidet also mit über die Karriere.

Die mittlere Stimmlage hat die Nase vorne

Einen guten Eindruck erzielt die mittlere Sprechstimmlage. Aus dem physiologischen Blickwinkel ist das die Stimmlage, in der Ihre Stimmlippen durchgängig regelmäßig schwingen. Ein guter Stimmbandschluss bildet sich und ein klarer, kraftvoller Ton entsteht. Die Stimme ist nicht zu hoch und nicht zu tief mit vollen gut genutzten Resonanzen, die auch eine lebendige Modulation erlauben.

Unter dem Aspekt der Stimmwirkung ist dies die Stimmlage, die den Inhalt so transportiert, dass sie Sicherheit und Klarheit vermittelt: Der Sprecher »weiß, was er sagt«, die Rednerin »steht hinter ihren Inhalten«. Es ist dabei egal, ob ein Mann oder eine Frau spricht. Jeder hat diesen vollen, kraftvollen Klang, wenn die Bedingungen dafür stimmen.

Diesen Klang können wir nicht »machen«. Es ist ein authentischer Klang, bei dem die ganze Persönlichkeit mitschwingt. Er entsteht durch die bestmögliche Nutzung der Klangräume. Andernfalls schiene dieser »falsche« Klang ebenso durch und wirkte nicht glaubwürdig. Man kann das als Zuhörer nicht immer bewusst benennen, aber ein komisches Gefühl schwingt mit.

Es reicht also nicht, die Stimme einfach tiefer zu machen, wie man es bisweilen liest. Dadurch wird man nicht mehr Führungskompetenz ausstrahlen. Sondern wichtig ist die Person dahinter, die diesen Klang im wahrsten Sinne des Worts verkörpert.

Warum klingt Ihre Stimme nicht immer so, wie Sie es möchten?

Es wäre wunderbar, wenn sich die Stimme einfach der jeweiligen Situation anpasste. Grundsätzlich ist das möglich und in vielen Situationen gelingt das auch. Aber, wie Sie schon im Eingangskapitel gelesen haben, ist die Stimme Träger unseres Grundcharakters und der jeweiligen Emotion. Dieses unmittelbare Zusammenspiel macht die Stimme sehr anfällig für Veränderungen, und nicht immer können wir mit ihr das ausdrücken, was wir möchten.

Traue ich mich, auch mal laut zu werden, wenn es einmal notwendig ist? Habe ich eine ruhige Stimme dazu oder überschlägt meine Stimme sich und klingt piepsig?

Wenn ich es gewohnt bin, immer den Ton anzugeben, kennt meine Stimme fast nur Kraft im Ausdruck. Was passiert dann in einer intimeren Situation? Kann die Stimme dann auch in einen weicheren Modus gehen?

Grundsätzlich geht es darum, ob wir der Stimme ihre freie Entfaltung erlauben (können) oder ob wir sie in ihrer Klangvariabilität einschränken. Im Vordergrund stehen dafür vor allem die Resonanzverhältnisse im Körper: Können wir diese Räume zur Verfügung stellen oder nicht. Je nachdem, wie gut diese Resonanzen genutzt werden können, entsteht ein unterschiedlicher Klang der Stimme mit einer völlig anderen Wirkung.

Denn für eine klare, wohlklingende und auch facettenreiche Stimme braucht der Kehlkopf Unterstützung. Wie die Saiten eines Streichinstruments das Holzgehäuse als Verstärker für die Schwingungen brauchen, sind unsere Stimmbänder auch auf einen größeren Resonanzraum angewiesen, unseren Körper. Ist er locker und frei, kann er als verstärkender Klangkörper dienen und der Stimme zu ihrem vollen Klang verhelfen.

Es gibt Körperzonen, die besonders anfällig für Anspannungen sind und damit die Resonanzmöglichkeiten einschränken. Wie Sie sicher schon selbst verspürt haben, ist es nicht so leicht, stets mit lockerer Muskulatur durchs Leben zu gehen. Die Anforderungen des Alltags schlagen sich oft als Verspannungen im Körper nieder. Auch unsere Stimme wird davon in Mitleidenschaft gezogen und kann sich nicht voll entfalten. Umso wichtiger ist es, immer wieder für einen muskulären Ausgleich zu sorgen – für unser allgemeines Wohlbefinden und für ein müheloses Tönen unserer Stimme.

Ist Ihr Körper angespannt, kann Ihre Stimme darin nicht schwingen!

Im Körper gibt es drei Hauptzonen, die auf emotionale Einflüsse besonders mit An- und Verspannungen reagieren und dadurch die Resonanz, den Klang und das freie Schwingen der Stimme einschränken können – und damit auch die Wirkung der Stimme verändern.

Engstelle Kiefer

Die Kiefermuskulatur ist eine der stärksten Muskelgruppen im Körper und reagiert sehr schnell auf Belastungen und beengende Situationen. »Zähne zusammenbeißen und durch«, »mit großer Verbissenheit dranbleiben«, diese Redewendungen bringen es auf den Punkt. Aber auch unterdrückte Wut, Zorn und Ärger lassen uns die Zähne zusammenpressen. Bei manchen Menschen kann man deutlich sehen, wie sie in diesen Situationen die Zähne zusammenbeißen.

Wenn nun die Muskulatur im Kieferbereich sehr fest ist, fehlt die Geschmeidigkeit für die Artikulation und die Mundöffnung ist sehr gering. Als Folge fehlt viel Resonanzraum in der Mundhöhle und im Rachen. Zudem geht damit eine sehr angespannte Zunge einher. Alles in allem entsteht so sehr wenig Klang, der auch noch große Mühe hat, nach außen zu gelangen. Kein Wunder, dass sich die Zuhörer wenig angesprochen fühlen.

Unter Umständen versucht der Sprecher noch unbewusst, die fehlende Resonanz mit mehr Druck herzustellen. Dies führt jedoch nicht zum gewünschten Ergebnis, sondern eher zum Gegenteil: Die Stimme klingt gequetscht, knarrt und wirkt eher unangenehm. Für die Stimmbänder fatal, weil sie dadurch schnell überlastet werden.

Engstelle Schulter-Nacken
Auch der Schulter-Nacken-Bereich ist ein sehr beliebter Ort für Verspannungen. Das Problem »sitzt uns im Nacken« und wir tragen »eine Last auf den Schultern«. Aber auch die viele Arbeit am Computer oder das ständige Starren auf das Smartphone tragen dazu bei, dass sich die Muskulatur der Halswirbelsäule und des Schultergürtels verfestigt.

Der Kehlkopf ist in einem muskulösen Netz aufgehängt, das in Verbindung mit der Halswirbelsäule, den Schulterblättern und dem Schlüsselbein steht. Ist diese den Kehlkopf umgebende Muskulatur nun sehr fest und angespannt, lässt sie dem Kehlkopf kaum einen Spielraum. Das feine, harmonische Zusammenspiel mit den Stimmbändern wird erschwert. Und wieder geht eine Grundlage für eine volle und frei tönende Stimme durch eine Engstelle verloren.

Engstelle Bauch-Becken
»Mut zum Bauch«, sage ich oft ermunternd meinen Klienten. Wie viel Spannung wird in dieser Region oft festgehalten! Die Vorgänge der Zwerchfellatmung können dadurch nicht mehr ungehindert ablaufen. Wir verwenden stattdessen viel Aufwand für die Brustatmung, die die Stimme nicht in ausreichendem Maß unterstützen kann.

»Sprechen ist tönende Ausatmung« – dieser Satz einer Trainerin aus einer Fortbildung begleitet mich seit vielen Jahren. Denn ohne einen guten Atemfluss entsteht keine klare Stimme. Nur ein gleichförmiger Atemfluss setzt die Stimmbänder in Schwingung – nicht zu viel, aber auch nicht zu wenig Druck. Dies lässt sich gut durch den elastischen Einsatz der Zwerchfellatmung steuern und der Kehlkopf wird entlastet.

Durch übermäßige Anspannung im Bauch-Becken-Raum trennen wir uns also ab von einem unserer wichtigsten Resonanzräume für die Stimme. Der Stimme fehlt der Raum für ihr Volumen, ihre Tiefe und ihren Kernklang. Zudem haben wir keine Verbindung zu unserer eigentlichen Körpermitte, die uns zentriert und uns Kraft gibt. Aber auch der freie Fluss der Emotionen braucht den freien Fluss der Atmung.

Wie kommt es, dass wir nicht in einer Einheit sind mit unserem Zentrum, wo es doch das Natürlichste wäre? Kurz gesagt: Der Kopf ist uns im Weg. Denken findet im Kopf statt. Und auf das Denken sind wir ständig fokussiert. Dabei geht leider leicht das Gefühl für den Rest des Körpers verloren und unsere eigentliche »Heimat«, der Bauch-Becken-Raum, bleibt unbewohnt und ist damit als Klangraum für die Stimme weit entfernt.

Auch spiegelt sich eine ständige Stressbelastung im Atem wider: Der Körper schaltet auf Notprogramm, sprich Brustatmung. Die Ruhe und Gelassenheit für die natürliche Zwerchfellatmung gehen verloren.

Achtung: Erschöpfung

Neben den oben genannten Ver- und Anspannungen gibt es aber auch das Phänomen der Unterspannung. Körperliche oder seelische Erschöpfung, die über einen längeren Zeitraum andauern, können sich in unserem Stimmklang niederschlagen. Kränkungen im beruflichen Umfeld, nicht anerkannt zu werden, nach dem Renteneintritt das Gefühl, nicht mehr gebraucht zu werden, Schicksalsschläge, dies und vieles mehr sind mögliche Ursachen, was ich immer wieder im Zusammenhang mit einem Klangverlust der Stimme in meiner Praxis beobachte.

Die Menschen machen dabei einen geknickten Eindruck, der sich auch in der Körperhaltung manifestiert. Oder die Erschöpfung lässt den Körper sehr kraftlos werden. Und diese fehlende Unterstützung durch den Körper überträgt sich auf die Stimmbänder. Der Stimme fehlt es an Klarheit und Ausdruckskraft.

Mut zum stimmlichen Ausdruck: Machen Sie Ihre Persönlichkeit hörbar!

Sie bemerken mittlerweile vielleicht, dass hinter unserem Sprech- und Stimmausdruck alle Mechanismen miteinander verzahnt sind. Emotionen, muskuläres Gleichgewicht und Stimmklang stehen alle in Verbindung miteinander und bedingen einander. Und dann gibt es da ja noch die ausbremsenden Gedanken, über die Sie im Kapitel »Persönlichkeit sein: Gedankenmuster suchen« (Seite 64) noch mehr lesen können.

An dieser Stelle sei gesagt, dass es oft nicht so leicht ist, klar und frei den Zuhörern die eigenen Inhalte, die eigene Meinung zu präsentieren.

Traue ich mich, den Mund aufzumachen? Auch mal Unbequemes zu äußern, was vielleicht einen Konflikt provoziert? Da kommt ein Zögern auf … und schon verschließen sich unsere Lippen. Und da ist er wieder der Zusammenhang zwischen mir, meiner Persönlichkeit und meiner Stimme.

In der Mehrheit passieren diese Vorgänge unbewusst. Es ist eher die Unzufriedenheit mit der Wirkung, an der die eigenen Unzulänglichkeiten festgemacht werden. »Warum überhört man meine Meinung immer?«, »Warum reagiert keiner auf meinen Einwurf?«, »Warum verpuffen meine Vorschläge?« – es ist also die Reaktion der Zuhörer, die signalisiert, dass es nicht in die gewünschte Richtung geht.

Eine passende Alternative war jedoch bisher nicht zur Hand – weil die Ursache nicht klar war: die Wirkung der Stimme auf die Zuhörer und wie ich sie beeinflussen kann.

Das können Sie tun

Über den Erfolg eines Vortrages, einer Präsentation, eines Plädoyers entscheidet zum großen Teil sicherlich der Inhalt. Ein fundiert aufbereitetes Thema ist unerlässlich für den Erfolg bei den Zuhörern. Unterschätzen Sie jedoch nicht den stimmlichen Ausdruck, mit dem Sie unbewusst auf Ihre Zuhörer wirken.

Zu einer intensiven inhaltlichen Vorbereitung gehört daher auch die stimmtechnische Vorbereitung, so wie jeder gute Sänger sich vor einem Auftritt einsingt.

Schaffen Sie durch mehr Bewusstsein für Ihren Körper und die Klangräume, gute Voraussetzungen für Ihre Stimme. Verschaffen Sie ihr den Raum, den sie braucht.

Auch hier gilt: Je besser Sie damit vertraut sind, desto besser nehmen Sie sich selbst wahr: Sie wissen, was Sie tun. Und das gibt Ihnen im wahrsten Sinne des Wortes Selbstbewusstsein und Selbstvertrauen. Mit den folgenden Übungen schaffen Sie dafür eine gute Basis.

Flexibilität im ganzen Körper

Im vorigen Kapitel haben Sie viel Grundsätzliches über die Bedeutung der Körperhaltung erfahren und was Sie tun können, um Ihre gesamte Körperkoordination zu verbessern. Hier folgen nun ein paar speziellere Übungen für mehr Flexibilität und Beweglichkeit und gegen das Einrosten am Schreibtisch.

Lockerung (1)

- Nutzen Sie jede Pause im Arbeitsalltag, um sich zu dehnen, zu recken und zu strecken.
- Gönnen Sie sich feine, kleine Bewegungen genauso wie große ausladende Bewegungen.
- Schütteln Sie anschließend Arme und Beine aus.
- Lassen Sie die Arme um die eigene Achse pendeln.

Vor allem, wenn Sie nach einer längeren Schreibtischarbeit stimmlich gefordert werden oder wenn Sie am Morgen körperlich noch etwas müde und steif sind, sind diese Lockerungsübungen unerlässlich.

Schulterkreisen (2)

Stellen Sie sich vor, an ihrem Schultergelenk ist ein dicker Pinsel befestigt und Sie malen mit einer kreisenden Bewegung nach hinten kleine und große Kreise an die Wand, auf die der Pinsel zeigt.

- Malen Sie so groß, wie Sie können, die Wirbelsäule bleibt dabei aufrecht.
- Verbinden Sie die Bewegung mit der Atmung: Wenn Sie den Pinsel nach oben führen, atmen Sie ein, wenn er nach unten geht, atmen Sie aus.

1

2

- Warten Sie ab, bis sich der Einatemimpuls von alleine einstellt, und die Übung beginnt von vorn.
- Sie können das Ausatmen auch mit einem erleichterten Seufzerton auf den Buchstaben **»L«** verbinden.

»Kugel-Bauchtanz« (3)
Ausgangsstellung: Stehen Sie aufrecht mit lockeren Knien und parallelgestellten Füßen und stellen Sie sich vor, in Ihrem Beckenraum befindet sich eine kleine Kugel.

- Mit den kreisenden Bewegungen Ihres Beckens läuft die Kugel rund herum in Ihrem Becken. Achten Sie dabei auch darauf, dass Ihre Knie diese Bewegung mitmachen. Verbinden Sie die Bewegung mit dem Atem, indem Sie dabei auf **»schhhhhh«** ausatmen; wechseln Sie dabei auch immer wieder die Bewegungsrichtung.
- Als Variation lassen Sie beim Kreisen Ihres Beckens ein staunendes **»OH«** ertönen.

Atemfluss anregen

Seufzer auf »haaa« (4)
Ausgangsstellung: Setzen Sie sich bequem auf einen Stuhl und stellen Sie ich vor, Ihre Stimme setzt sich mit dem Ausatmen auch auf den Stuhl. Lassen Sie die Stimme wie bei einem Seufzer einfach nach unten gleiten.

Legen Sie Ihre Hände auf den Bauch (der kleine Finger ist in etwa auf Höhe des Bauchnabels).

- Mit der Entscheidung, die Übung zu beginnen, strömt eine Portion Luft automatisch in den Bauch und er wölbt sich leicht nach außen.
- Lassen sie nun ein kräftiges **schhhhhhht** herausströmen – die Bauchdecke geht dabei nach innen.
- Wenn Sie am Ende das t loslassen, löst sich der Kiefer gemeinsam mit der Bauchdecke und neue Luft strömt automatisch zurück und die Übung kann von vorn beginnen: **schhhhhhht.**

Variation: **scht** – **scht** - **scht** - **scht** – **schschhhhht**

Ab sofort lenken Sie Ihr Bewusstsein darauf, dass jeder stimmliche Impuls im Bauch und nicht im Kehlkopf beginnt. Gönnen Sie sich, gerade auch in stressigen Zeiten, immer wieder ein kurzes Innehalten, Loslassen und Auftanken durch drei langsame, tiefe Atemzüge.

Kieferlockerung (5)

Eine kleine Selbstbeobachtung vorneweg: Lassen sie Ihren Unterkiefer locker hängen, sodass sich der Mund öffnet. Haben Sie eine Vorstellung Ihrer Mundöffnung? Schauen Sie dann in einen Spiegel und überprüfen Sie, ob Ihr Mund so weit geöffnet ist, wie Sie sich das ohne Spiegel gedacht haben. Glückwunsch, wenn das

3

4

5

der Fall ist! Meist denken wir, wir hätten den Unterkiefer weiter gesenkt, als es tatsächlich der Fall ist.

Für die weiteren Übungen wäre es ideal, wenn Sie den Mund so weit öffneten, dass zwischen Ihre Zähne zwei Finger (übereinander) passen. Wenn Sie damit noch Probleme haben, gehen Sie nachsichtig damit um – ein Finger ist auch schon mal sehr gut.

- Streichen Sie vom Kiefergelenk (siehe Anatomie-Quiz Seite 10) mit den Händen an den Wangen entlang nach unten. Dabei öffnet sich sanft der Kiefer.
- Sprechen sie nun **fla-fla-fla-fla-fla**, **bla-bla-bla-bla-bla** oder **da-da-da-da-da,** als erzählten Sie von den Erlebnissen des letzten Wochenendes.
- Achten Sie darauf, dass beim »a« der Kiefer jeweils locker aufgehen kann. Sie können dies gut kontrollieren, indem Sie die Finger am Kiefergelenk behalten und die Bewegung des Gelenks gut spüren können. Auch ein Blick in den Spiegel gibt eine gute Rückmeldung über die Beweglichkeit des Kiefers.

Machen Sie sich Gedanken:
- Welche Emotionen halte ich zurück?
- Verkneife ich mir etwas Wichtiges in meinem Leben?
- Möchte etwas gesagt werden, was ich aber zurückhalte?
- Brauche ich mehr Unterstützung?
- An welchen Punkten könnte ich mehr Leichtigkeit gebrauchen?
- Fürchte ich die Reaktion auf mein Sprechen?

Vielleicht finden Sie Zusammenhänge, die Sie Ihren Kiefer festhalten lassen.

Mittlere Sprechstimmlage

Produzieren Sie ein »Höflichkeitsgähnen«, stellen Sie sich also vor, sie müssen gähnen, möchten aber den Mund dazu nicht öffnen. Spüren Sie die Weite, die im Mund-Rachen-Raum dabei entsteht?

Der Unterkiefer darf sein Gewicht hängen lassen und die Zunge liegt flach und faul auf dem Mundboden. Die Zähne von Ober- und Unterkiefer haben dabei keinen Kontakt.

- Beginnen Sie dann einen weichen Seufzer auf **»m«**, ohne diesen Raum zu verkleinern. Beginnen Sie etwas höher als Ihre normale Sprechstimmlage und seufzen sich mit dem **»m«** auf deren Lage herunter. Sie können sich dabei vorstellen, dass Sie von den Resonanzräumen der Nasennebenhöhlen zum Klang im Brustbereich gleiten.
- Mit dieser Weite im Mund summen Sie z.B. »Der Mond ist aufgegangen«. Genießen Sie die Klangwolke im Mund. Lassen Sie die Töne weich ineinandergleiten und behalten Sie die Weite bei, auch wenn die Töne nach oben gehen.

- Sie behalten weiterhin die Weite im Rachenraum durch das Höflichkeitsgähnen, dürfen für das Sprechen jetzt aber Ihren Mund wieder öffnen. Sprechen Sie auf einer gemütlichen Tonlage ein sattes **mom – mom – mom**. Geben Sie dabei jeweils dem »**m**« genügend Zeit, um zu klingen; ähnlich wie eine große Glocke.

Variationen:

- **mom – mom – mom – Montag – Dienstag – Mittwoch**
- **mom – mom – mom – Donnerstag – Freitag – Samstag**
- **mom – mom – mom – Guten Morgen**
- **mom – mom – mom – Guten Abend**

Achtung: Überprüfen Sie immer wieder, ob Sie genügend Klangraum im Mund haben.

- **Abend – Adler – Ananas – Alter – Astern – Adria – Abraxas – Anakonda – Andreas**

Stellen Sie sich vor, Sie würden in das Wort hineinbeißen, wie in ein großes (= ausreichende Kieferöffnung für den Klang), weiches (= klarer, aber weicher Stimmeinsatz) Sandwich.

- **»Herr von Hagen, darf ich fragen, welchen Kragen Sie getragen, als Sie lagen, krank am Magen, in der Stadt zu Kopenhagen.«**

Sprechen Sie diesen Übungssatz mit großer Behaglichkeit. Beobachten Sie dabei, ob der Kiefer genügend Beweglichkeit erlaubt. Sie werden es vor allem beim »a« bemerken.

Am besten ist, Sie machen alle Übungen einmal durch. Um in Übung zu bleiben, nehmen Sie sich immer wieder eine andere Übung genauer vor. Was hilft Ihnen am besten weiter? Vielleicht machen Sie auch Entdeckungen wie unsere Protagonisten.

Sophie, Julius und Charlotte haben mit Erfolg geübt

Sophie stellt fest, dass die Atemübungen nicht nur Ihre Stimme ruhiger werden lassen, sondern auch ihr Lampenfieber in Grenzen halten.
Julius hält seinen Kiefer geschmeidig und bemerkt, dass seine Stimme voller und markanter klingt. Ist das vielleicht auch ein Grund, dass sein Vortrag lobend erwähnt wird?
Und Charlotte kann ihre Stimmlage kontrollieren, auch wenn es zu härteren Auseinandersetzungen kommt. Dadurch wird sie auch von männlichen Kollegen besser anerkannt.

Persönlichkeit transportieren: Hörer fesseln

Der beste Inhalt geht verloren, wenn die Zuhörer ihn nicht verstehen. Und damit meine ich hier nicht, »was« Sie sagen, sondern »wie« Sie es sagen.

Machen Sie es dem Zuhörer leicht

Sprechen Sie so, dass Ihre Zuhörer Sie leicht verstehen können? Oder haben Sie eine Sprechweise, die Ihrem Publikum viel Konzentrationsfähigkeit abverlangt? Die Folge davon ist, dass die Gedanken des Zuhörers schnell abschweifen oder sich Unmut breitmacht. Sie können sich sogar vorstellen, dass dies alles nicht gerade dazu beiträgt, sich mit Ihren Inhalten gerne auseinanderzusetzen oder diesen positiv gegenüberzustehen.

Das können Sie tun

Durch ein bewusst gestaltetes Sprechen signalisieren Sie, dass Sie sich Zeit nehmen für das, was Sie sagen. Sie vermeiden dadurch ein bloßes Abspulen Ihres Anliegens. Durch eine klare Ausformung des Sprechens zeigen Sie zudem, dass Sie sich mit dem Inhalt gut auskennen und es Ihnen gleichzeitig wichtig ist, dass die Zuhörer Ihre Gedankengänge nachvollziehen können. Das gibt Ihrem Inhalt Gewicht. Und Ihren Zuhörern vermitteln Sie das Gefühl, dass sie mit Ihnen im gleichen Boot sitzen. Entwickeln Sie also mehr Bewusstsein für Ihre Sprechaktivität. Dies kann gelingen, wenn Sie folgenden Bereichen mehr Aufmerksamkeit schenken:

- Artikulation
- Sprechtempo und Mikropausen
- Betonungen und Sprechmelodie
- Sprechen auf den Punkt
- Lautstärke

Julius und Anna wollen etwas verkaufen

Julius ist mitten im Verkaufsvortrag. Er hat ihn schon oft/mehrmals gehalten und kennt seine Materie in und auswendig. So richtig spannend ist das nicht mehr für ihn. Er hofft jedoch, dass er die erwartungsvollen Zuhörer als Neukunden gewinnen kann.

Anna präsentiert ihre neuen Kosmetikprodukte auf einer Messe. An ihrem Stand führt sie viele Informationsgespräche, während daneben viele Menschen durch die Halle strömen. Klar, dass da den ganzen Tag ein ziemlicher Geräuschpegel herrscht.

Was macht es aus, dass die Zuhörer begeistert sind? Was sind die Geheimnisse eines überzeugenden Sprechauftritts? Der beste Inhalt erreicht die Zuhörer nicht, langweilt sie oder geht ihnen sogar auf die Nerven, wenn das Transportmittel – die Stimme und die Sprechweise – nicht stimmt. Zu schnell, zu leise, keine klaren Betonungen, das alles lässt die Zuhörer schnell aussteigen. Der Inhalt verpufft und die Anerkennung der Person als Kenner der Materie ist dahin.

»Na, so richtig überzeugt scheint er von seiner Ware ja nicht zu sein – das muss ich mir erst nochmal überlegen, ob wir ins Geschäft kommen.«

»Leider habe ich nur die Hälfte verstanden, was Sie mir zu ihren Produkten erklärt hat. Immer nachfragen wollte ich dann auch nicht. Na ja, mal sehen, es gibt ja auch noch so vieles andere hier.«

Artikulation: Zuhörer lieben deutliches Sprechen

Dialekt: Wie viel darf sein?

Wenn es um deutliches Sprechen geht, ist auch immer der Dialekt ein Thema. Wie viel Dialekt darf sein, wie viel hochdeutsche Aussprache muss sein?

Grundsätzlich gilt meiner Meinung nach: Eine Einfärbung des Sprechens durch einen Dialekt darf sein. Sie schafft eine persönliche Färbung, die zur Person des Sprechers gehört. Der Dialekt darf jedoch nicht dominieren und dadurch vom Inhalt ablenken.

Dabei ist auch zu bedenken, dass traditionellerweise Dialektsprecher gegenüber Hochdeutschsprechern häufiger als weniger intelligent und ungebildet gelten und mit einem niedrigeren sozialen Status verbunden werden. Auch wenn dies nur ein Vorurteil ist – es schwirrt beim ersten Eindruck mit. In manchen Branchen ist daher auch eine völlige Dialektfreiheit gefordert.

Am wichtigsten ist jedoch die Verständlichkeit. Alle Zuhörer müssen die Chance haben, den Inhalt auf Anhieb zu verstehen. So zeugt es auch von Respekt gegenüber dem Zuhörer, vom Dialekt ins Hochdeutsche wechseln zu können.

Wenn Sie als erwachsener Sprecher Ihre Aussprache verändern wollen, geben Sie sich auf jeden Fall viel Zeit und üben Sie viel. Denn nach meiner Erfahrung ist das Sprechen im Dialekt sehr stark mit unserer Identität verbunden. Damit sind wir aufgewachsen und er gehört zu unserem Selbstbild. Alles, was nun davon abweicht – und sei es nur ein einzelner Laut –, wirkt zunächst sehr fremd und aufgesetzt. Manchen Menschen fällt es daher leichter, in die Hochsprache zu wechseln, wenn sie aus dem Heimatort oder der Heimatgegend in ein anderes sprachliches Umfeld wegziehen.

Nuscheln: Gewohnheit oder Unsicherheit

Auch ein hochdeutsches Nuscheln erfordert mehr Aufmerksamkeit der Zuhörer. Vielleicht ist es einfach nur eine Gewohnheit, so wenig Aufwand wie möglich für das Sprechen zu betreiben. Oder es besteht kein Bewusstsein für die Bewegungen von Lippen und Zunge beim Sprechvorgang. So entsteht das typische »in den eigenen Bart brummeln« mit wenig Kieferbewegung und wenig Raum für den Stimmklang.

Oft steckt aber auch mehr dahinter. Der Sprecher möchte nicht wirklich in Kontakt zum Zuhörer treten. Ein klares Adressieren an das Gegenüber hingegen würde automatisch mit mehr Sprechspannung einhergehen. Ich beobachte jedoch immer wieder zurückhaltende Gedankenmuster wie »Was wird der andere denken?«, »Steht mit das zu, das so zu sagen?«, »Mein Vater sagte immer, sei nicht so vorlaut?«, »Oh Gott, ich habe doch so hässliche Zähne«. Und schon wird das Nuscheln eingesetzt, wie ein Sprechen hinter vorgehaltener Hand.

Der Zuhörer muss dann zusehen, dass er alles richtig versteht – nicht immer möchte er sich aber diese Mühe machen.

Das hilft Ihnen weiter

Schaffen Sie zunächst mehr Bewusstheit für ihr Sprechen. Machen Sie eine Tonaufnahme. Keine Angst – mit der Zeit gewöhnen Sie sich an Ihren Stimmklang und Ihre Sprechweise.

- Können Sie alles gut verstehen?
- Gibt es Wörter oder einzelne Laute in Ihrem Dialekt, die herausstechen? Die es ihren Zuhörern besonders schwierig machen – an welchen Wörtern können sie feilen?
- Gibt es Lautkombinationen, die Sie generell gerne vernuscheln? Huschen Sie über längere Wörter hinweg oder vernachlässigen Sie eher die kleinen Wörter mit wenig Bedeutungsinhalt?

Übung zur Lockerung von Zunge und Lippen

- Fädeln Sie die Zunge mit geschlossenen Lippen vor den Zähnen ein (der sog. Mundvorhof). Fahren Sie dann mit der Zunge an der oberen Zahnreihe entlang und kreisen Sie schließlich an der unteren Zahnreiche entlang.
- Spüren Sie die einzelnen Zähne und den Kontakt zum Zahnfleisch. Der Kiefer kann sich ganz locker dabei mitbewegen. Diese Übung schafft Bewusstheit für die Beweglichkeit von Zunge und Kiefer. Und ganz nebenbei fördert sie die Speichelproduktion. Das ist besonders wichtig, wenn der Mund vor Aufregung trocken wird.
- Lassen Sie die Lippen mit viel Luft flattern (Pferdeschnauben).
- Lassen Sie den Unterkiefer locker hängen, die Zungenspitze hat Kontakt mit den unteren Schneidezähnen. Wölben Sie nun den »Bauch« der Zunge nach außen, dann darf die Zunge sich wieder entspannt in den Mund legen.

Artikulationsübungen mit Silben
Sprechen Sie erst langsam und deutlich, dann können Sie schneller werden (ohne an Deutlichkeit zu verlieren!)

ma mo ma mo ma mo
pa ta pa ta pa ta
pfa pfi pfo pfu pfe
scha schla schma schna schwa
pla tra pla tra pla tra
sta ste sti sto stu
witzt wetzt watzt wotzt wutzt

Übung mit dem Daumen
Lesen Sie zunächst den Übungssatz:

Siebzehn Schnitzer, die auf siebzehn Schnitzsitzen sitzen und mit spitzen Schnitzen Ritzen in ihr Schnitzholz schnitzen, wobei sie schwitzen, sind siebzehn schwitzende, schnitzende und im Schnitzsitz sitzende, spitze Schnitzen benützende Schnitzholzritzenschnitzer.

Dann halten Sie Ihren Daumen hochkant mit den Zähnen ca. in der Mitte des Fingernagels fest, der Daumennagel schaut also nach rechts oder links. Der Daumennagel liegt dabei auf den unteren Schneidezähnen. Achtung – nicht zu fest zubeißen! Alternativ können Sie auch einen Korken mit den Zähnen festhalten.

Sprechen Sie den Satz dann noch einmal. Versuchen Sie, trotz des Daumens im Mund, deutlich zu sprechen, auch wenn das bei einigen Buchstaben nicht so ganz gelingen wird.

Lesen Sie den Satz dann noch einmal ohne Daumen bzw. Korken und vergleichen Sie, wie es jetzt klingt, nachdem Sie die Übung gemacht haben.

Weitere Übungssätze:

Der knickrige Krabbenfischer knabbert knackige Knabberkrabben,
knackige Knabberkrabben knabbert der knickrige Krabbenfischer.

Der tapsige Dieter trägt die dicken Trauben durch das dürre Tal. Durch das dürre Tal trägt der tapsige Dieter die dicken Trauben.

Sprechtempo: schneller, als die Zuhörer denken

Schnellsprechsätze sind manchmal prima dafür geeignet, eine gute Geläufigkeit der Zunge zu üben. Aber in normalen Sprechsituationen, in denen wir unseren Zuhörern ja einen Inhalt vermitteln wollen, hat ein übermäßiges Tempo nichts verloren.

Auch wenn Sie es schaffen, trotz des Tempos verständlich zu bleiben, geraten die Zuhörer unter Stress, wenn sie alles mitbekommen und verstehen wollen. Sehr rasch läuft dann an den Gesprächspartnern alles vorbei. Der Inhalt kommt nicht an, da sich die Zuhörer nicht angesprochen fühlen. Leicht kommt dann noch hinzu, dass sie sich nicht wertgeschätzt fühlen, da der Sprecher über ihre Bedürfnisse sozusagen hinwegrauscht.

Zudem hat Ihre Stimme keine Zeit, wirklich zum Klingen zu kommen. Die Vokale als Träger des Klanges geraten ins Hintertreffen und die Konsonanten erhalten die Oberhand. Die Beschreibung »Er spricht wie ein Maschinengewehr« liegt dann nahe. Möchten Sie wirklich so wirken?

Zeitmangel – Schnelldenker – bloß weg von hier

Wenn Sie sich bei einem (zu) schnellen Sprechtempo ertappen, überlegen Sie doch mal, was der Grund dafür sein könnte:

- Sie haben zu wenig Zeit für zu viel Inhalt.
- Sie haben sehr viele Gedanken im Kopf, die Sie schnell nach draußen transportieren wollen, um ja nichts zu vergessen.
- Sie möchten durch ein schnelles Sprechen zeigen, dass Sie eine schnelle Auffassungsgabe haben.
- Sie fühlen sich in der Sprecherrolle unwohl und möchten die Situation daher schnell hinter sich bringen.

Das hilft Ihnen weiter

Portionieren Sie gehirngerecht

Grundsätzlich ist es wichtig, sich Folgendes klarzumachen: Sie haben Ihre Inhalte schon oftmals durchdacht. Für das Gehirn des Zuhörers ist jedoch meist alles neu und es muss erst verarbeitet werden – und das braucht Zeit!

Die Kapazität des Gehirns ist begrenzt. Was darüber hinaus auf uns einströmt, kann nicht mehr verarbeitet werden. Also teilen Sie Ihre Gedankengänge lieber in kleinere Portionen auf, von denen Sie sicher sind, dass Sie verdaut werden können.

Machen Sie Mikropausen
Für die Verarbeitung des Gehörten sind Pausen unerlässlich. Das ist kein großer Zeitraum, wir sprechen hier eher von Mikropausen. Klein, aber wirkungsvoll. Das heißt nicht, dass wir jedes Mal mit unserer Energie herunterfahren und »entspannen«. Nein, es ist eine Sprechpause, wir bleiben aber präsent.

So setzten diese Mikropausen Akzente, schaffen Zäsuren und geben Zeit zum Atmen und Überlegen. Gute Zeitpunkte für diese Pausen sind:

- der Punkt am Ende eines Satzes
- vor einem neuen Thema

Zu Beginn erscheinen uns diese Pausen oft sehr lang und es schwingt ein wenig die Angst mit, die Zuhörer dabei zu »verlieren«. Damit Sie ein Gefühl für die Länge so einer Pause entwickeln, denken Sie innerlich ein den Zuhörern zugewandtes »Klar?«. So setzten Sie die Pause und bleiben dennoch im Kontakt mit dem Publikum. Mit der Zeit werden Sie das richtige Maß für die Länge der Pause instinktiv finden.

Achten Sie auf eine gute Zeitplanung
Unabdingbar ist vor allem bei Vorträgen und Präsentationen, dass die Menge Ihres geplanten Inhalts in die vorgegebene Zeit passt. Daher sollten Sie einen Vortrag auch laut sprechend üben, um ein Gefühl dafür zu bekommen, wie viel Zeit Sie dafür brauchen. Dabei werden Ihnen auch die Formulierungen geläufig und Fachbegriffe kommen geschmeidig über die Lippen.

Notfalls müssen Sie Ihr Manuskript überarbeiten und kürzen. Einfach schneller zu sprechen, weil dann mehr Punkte angesprochen werden können, bringt keinem etwas.

Beschränken Sie sich daher, so weit es geht, auf die wichtigsten Kernaussagen, also auf das, was auf jeden Fall gesagt werden muss. Alles andere behalten Sie in der Hinterhand – bei Nachfragen haben Sie es dann parat.

Betonungen: Was ist Ihnen wichtig?

Ihre Zuhörer brauchen Akzente, um leicht herauszufiltern, was für sie wichtig ist. Wird alles in der gleichen Gewichtung vorgetragen, wird diese Beurteilung schwierig. Oft bemerke ich dieses Phänomen, wenn ein Referent ein ausformuliertes Manuskript vorträgt. Denn es macht einen großen Unterschied, ob Sie frei sprechen und im Moment Ihre Akzente setzen oder ob Sie einem fertigen Text Ausdruck verleihen sollen. Das kann nicht jeder. Der Text wird dann gelesen, als wäre kein Publikum vorhanden: gleichförmig, monoton, langweilig.

Aber auch bei einer freien Rede stellt sich die Frage, wie man mit Sprechakzenten die Zuhörer fesseln kann. Sie brauchen dafür Ihre innere Beteiligung. Es muss Ihnen klar sein, worauf Sie besonderen Wert legen. Was sind die Schlüsselbegriffe, die ihr Publikum auf jeden Fall mitbekommen sollen? Was ist der Kern Ihrer Aussage?

Das Problem eines reduzierten Ausdrucks kann aber auch eine falsch verstandene Sachlichkeit oder Neutralität sein. Ich gehe davon aus, dass Sie kein Nachrichtensprecher sind. Denn nur in dieser Funktion ist eine Distanziertheit des Sprechers zu seinem Text gefragt. Aber auch wenn Sie einen Fachvortrag halten, Fakten referieren oder Zahlen erläutern, also eher nüchterne Inhalte vermitteln, sind immer Sie als Person gefragt, die dies den Zuhörern vermittelt. Gehen Sie also nicht wie selbstverständlich über den Inhalt hinweg, als wäre alles schon für jeden klar.

Und wenn Sie der Meinung sind: »Das interessiert doch eh keinen«, dann sollten Sie sich Ihr Konzept grundsätzlich überlegen. Geben Sie also den Worten das Leben, das sie brauchen, um bei den Zuhörern anzukommen. Sie kennen vielleicht die Behauptung, dass manche Schauspieler auch ein Telefonbuch spannend vortragen könnten. Nun, das ist nicht ganz unser Ziel. Aber gerade sachliche, nüchterne Inhalte brauchen die Energie des Sprechers, um verstanden zu werden und nicht einschläfernd zu wirken.

Mut zum Ausdruck

Haben Sie also Mut zum Ausdruck. Das ist oft der springende Punkt. Meist ist es erforderlich, einen Schritt aus sich herauszugehen, um stimmlich und sprecherisch besser wahrgenommen zu werden. Mit der ganzen Energie und Präsenz zu sprechen, sich mit vollem Elan zu zeigen, ist für viele Menschen nicht so einfach.

Zudem ist das Gefühl dafür, wie viel Ausdruckskraft es braucht, meist zu wenig entwickelt. Wie viel ist angemessen, damit meine Botschaft klar ankommt? Wie viel macht den Anschein, zu zögerlich zu sein? Wie viel wäre in meiner Situation übertrieben?

Selten bekommen Sie darüber ein konstruktives Feedback. Selbst jedoch schätzt man seine Energie meist höher ein, als sie beim Publikum ankommt. Hinzu kommt dann noch die geringe Erfahrung darin, seine Stimme variabel und zielgerichtet einzusetzen. So erlebe ich bei meinen Klienten in der Regel eher zu wenig Ausdruck als zu viel.

Das hilft Ihnen weiter

Erlauben Sie Ihrer inneren Anteilnahme, nach draußen zu gehen. Überlegen Sie im Vorfeld: Was sind meine Kernaussagen? Was liegt mir am Herzen? Was möchte ich wirklich vermitteln? Darauf liegt dann automatisch auch der Schwerpunkt der Betonungen und leitet die Satzmelodie. Bedenken Sie dabei: Wenn Sie meinen, Sie übertreiben, kommt es bei Ihrem Publikum in der Regel gerade richtig an.

Strukturieren Sie den Text
Wenn Sie einen vorformulierten Text verwenden, dann markieren Sie sich im Text die Wörter, die Sie betonen möchten, mit einem Textmarker oder unterstreichen Sie sie. Sie können natürlich auch andere Formen der Markierung wählen. Wichtig ist, dass Sie Ihre Einzeichnungen verstehen und sie Ihnen helfen, statt Sie zu verwirren. Sie sollten auf jeden Fall mit einem Blick Ihre Betonungen erkennen können.

Wenn Sie frei sprechen, sollten Sie Ihre »wichtigen« Wörter natürlich verinnerlicht haben. Geben Sie diesen Begriffen oder Phrasen genügend Zeit, huschen Sie nicht darüber hinweg.

Hören Sie sich selbst zu
Überprüfen Sie Ihren Ausdruck einfach mal in verschiedenen Varianten mit einer Tonaufnahme. Kommen Sie in der Aufnahme so lebendig rüber, wie Sie es selbst beim Sprechen empfunden haben, oder können Sie noch eine Schippe drauflegen? Probieren Sie ruhig auch einmal eine Version aus, in der Sie den Ausdruck und die Betonungen übertreiben. Wenn Sie beim Abhören die Zuhörerrolle einnehmen, empfinden Sie es dann auch übertrieben oder wird es eher lebendig?

Wenn Sie zuhause üben, haben Sie dabei immer Ihr spezielles Publikum, Ihre konkreten Zuhörer vor Augen. Murmeln Sie Ihren Text nicht nur vor sich hin, sondern sprechen Sie in der Lautstärke, die Sie auch in der konkreten Situation verwenden würden.

Und noch ein Tipp: Singen Sie, wo sie können (es muss ja keiner hören ...). Die Singstimme zu üben, wirkt sich auch immer positiv auf die Variabilität der Sprechstimme aus.

Sprechen auf den Punkt: Ihr Vortrag braucht keine Girlanden

Girlanden sind eine prima Partydekoration. In Ihrem Vortrag haben sie jedoch nichts verloren. Normalerweise geht die Stimme am Ende eines Satzes nach unten. Die Stimme steuert auf den Punkt zu. Häufig beobachte ich jedoch das Gegenteil: Die Sprecherinnen erklären Sachverhalte und knüpfen einen Punkt an den anderen. Die Stimme bleibt dabei am Ende des Satzes oben, wie eine aufgehängte Girlande – vielleicht aus Angst, andernfalls den eigenen Faden oder die Aufmerksamkeit der Zuhörer zu verlieren.

Die Zuhörer bleiben dadurch atemlos in der Luft hängen und müssen sich selbst mühevoll eine Ordnung und Gliederung schaffen. Meist geht diese Sprechweise einher mit einem zu schnellen Sprechen und mit zu wenig Betonung. Die Inhalte werden aneinandergehängt, ohne dass Schwerpunkte erkennbar sind.

Der Zuhörer braucht Struktur

Bei einer losen Aneinanderreihung der Sätze bleibt alles fast beliebig in der Luft hängen. Die Intention Ihres Sprechbeitrags findet keine Unterstützung. Es klingt wie beiläufig hingeworfen, als wäre es nicht wichtig. Ich denke nicht, dass das Ihre Absicht ist.

Sprechen auf den Punkt setzt Schwerpunkte und gibt Ihrem Inhalt Gewicht.

Der »gesprochene«, d.h. durch das Absenken der Stimme ausgedrückte Punkt am Ende eines Satzes bietet eine optimale Gliederung des Inhalt für die Zuhörer. Sie können leicht folgen und die Pausen zum Mitdenken sind dann auch kein Problem mehr.

Nehmen Sie sich wichtig genug?

Das girlandenartige Sprechen erweckt auch immer schnell den Eindruck, dass Sie von Unwichtigem berichten. Überprüfen Sie für sich:

- Habe ich für mich geklärt, was ich vermitteln möchte? Sollen die Zuhörer einen neuen Sachverhalt verstehen, eine Tagesordnung zur Kenntnis nehmen, die Vorzüge eines Produkts erkennen?
- Kann ich hinter meinen Sätzen stehen oder halte ich selbst etwas für unwichtig, belanglos oder bin ich mir beim Inhalt nicht sicher? – Gönne ich mir Minipausen zum Nachdenken ehe ich weiterspreche?

Wenn Sie in sich unklar sind oder an der Wichtigkeit Ihres Inhalts zweifeln, kann das dazu beitragen, stimmlich in der Schwebe zu bleiben.

Das hilft Ihnen weiter

Geben Sie Antworten

Wenn Sie mit der Stimme am Ende des Satzes in der Höhe bleiben oder nach oben gehen, signalisiert das eigentlich eine Frage. Sie lassen den Zuhörer ohne Antwort stehen. Bei der Absicht, eine Antwort zu geben, und das tun Sie mit Ihrer Präsentation, Ihrem Vortrag, Ihrem Sprechbeitrag, senkt sich die Stimme am Satzende automatisch nach unten.

Geben dafür Sie Ihren Sätzen also genügend Zeit und Raum. Laufen Sie gedanklich nicht davon, sondern beenden Sie erst einen Gedankengang, ehe Sie mit dem nächsten beginnen.

Sind Sie sich also als Erstes bewusst, dass Sie klare Antworten geben. Es zeigt, dass Sie Ihrer Sache sicher sind und die Zuhörer Ihnen vertrauen können.

Auch in diesem Zusammenhang ist es wichtig, gehirngerechte Portionen für die Zuhörer zu machen. Vermeiden Sie also zu lange, verschachtelte Sätze. Dann ist es auch für Sie leichter, diese Struktur stimmlich zu vermitteln.

Lautstärke: Das richtige Maß finden

Unterschiedliche Menschen bewerten sicher auch die Lautstärke unterschiedlich. Die einen lieben laute Rockkonzerte, die alles am Körper vibrieren lassen. Die anderen ziehen ein Konzert mit einer unverstärkten Gitarre vor.

Ein schwerhöriger Mensch wird die Lautstärke des Fernsehers anders wahrnehmen als jemand mit einwandfreiem Gehör. Und manche Menschen sind lautstarke Gespräche schon aus dem Familienleben gewöhnt, wobei andere fragen würden: »Warum schreit ihr alle so?«

Wenn Sie öfters Rückmeldung bekommen, dass Sie zu laut sprechen, sollten Sie auch einmal daran denken, Ihre Hörfähigkeit überprüfen zu lassen. Vielleicht hören Sie sich leiser als alle anderen.

Zu laut?

Oft stehen wir in Sprechsituationen unter Strom – wir möchten unbedingt überzeugen, wollen etwas verkaufen, ein Konzept durchbringen. Diese Anspannung bahnt sich in einer übermäßigen Lautstärke den Weg.

Versetzen wir uns in die Lage des Zuhörers in einer solchen Situation: Wir sitzen jemandem gegenüber, der eindringlich auf uns einspricht: viel zu laut. Der Sprecher dominiert das Gespräch und wir selbst kommen kaum zu Wort. Er erschlägt uns förmlich mit seinem Redeschwall. In dieser Situation als Kommunikationspartner Fuß zu fassen, ist sehr schwer. Wir gehen vielleicht innerlich auf Distanz oder es baut sich sogar eine Abwehrhaltung auf.

Zu leise?

Sie konnten gerade noch einen Platz in der vorletzten Reihe einer Informationsveranstaltung ergattern. Es wäre aber wohl besser gewesen, Sie wären früher gekommen. Denn der Redner spricht so leise, dass Sie ihn nur mit Mühe verstehen können. Ihre Aufmerksamkeit schweift ab und Sie überlegen sogar, ob Sie nicht wieder gehen sollen. Anscheinend sind sowieso nur die ersten Reihen gemeint.

Oder Sie mussten mal wieder vom Schreibtisch direkt in den großen Besprechungsraum zur Präsentation. So ein plötzlicher, unvorbereiteter Situationswechsel mag Sie überfordern. Ihre Stimme bleibt leise in »Schreibtischlautstärke«. Daher haben Sie Mühe, die Aufmerksamkeit Ihrer Zuhörer zu halten.

Das hilft Ihnen weiter

Nehmen Sie den Raum wahr

Die Einschätzung der eigenen Sprechlautstärke kann immer nur im Zusammenhang mit einer guten Wahrnehmung für die Größe und die akustischen Verhältnisse des jeweiligen Raumes und die Anzahl der Zuhörer gelingen. Sensibilisieren Sie also dafür Ihr Gefühl.

Verfeinern Sie Ihre Wahrnehmung

- für den Abstand zum Zuhörer/zum Publikum
- für die Größe des Raums, in dem Sie sprechen. Achtung! Sie haben auch einen Raum hinter sich, der Ihnen gute Rückendeckung gibt
- gegen Störgrößen.

Bleiben Sie flexibel:

- Manchmal müssen wir bei Störungen kurz innehalten, ehe wir weiterreden können, oder
- wir müssen die Lautstärke anpassen, um verstanden zu werden.

Beobachten Sie dann:

- Kann ich meine Sprechlautstärke entsprechend anpassen?
- Kann ich mich in einem kleinen Raum zurücknehmen?
- Habe ich den Mut, einen großen Raum stimmlich und mit ganzer Präsenz zu füllen?

Erproben Sie Lautstärke in verschiedenen Situationen

Nehmen Sie ein Kinderbuch zur Hand und stellen Sie sich vor, Sie wollen einem Kind eine Gutenachtgeschichte vorlesen. Wie passt sich die Lautstärke Ihrer Stimme dieser Situation an?

Sie erzählen Ihrer schwerhörigen Großmutter von Ihren Erlebnissen vom Wochenende. Was passiert jetzt mit der Lautstärke? Vorsicht, Ihre Stimme darf dabei nicht höher werden.

Füllen Sie den Raum

Stehen Sie aufrecht und legen Sie Ihre Hände auf Ihre Körpermitte, sodass Sie Ihr Zentrum gut spüren können. Ihre Augen sind geschlossen.

Nehmen Sie den Raum wahr, den Ihr Körper in diesem Bereich bildet. Innerlich ist sehr viel Platz im Bauch-Becken-Raum.

Diesen Raum füllen Sie mit dem Klang eines Übungssatzes, z.B. **»Herzlich willkommen bei unserem Tag der offenen Tür!«**

- Breiten Sie dann Ihrer Arme aus und vergegenwärtigen Sie sich den Raum, den die Spannbreite Ihrer Arme bildet.
- Auch diesen Raum füllen Sie wieder mit dem Klang Ihres Testsatzes.
- Hat sich an der Klangfülle, an der Lautstärke etwas verändert?

Stellen Sie sich schließlich den Raum vor, den Sie tatsächlich mit Ihrer Stimme füllen wollen.

- In welchem Abstand zu Ihnen sind die Menschen, die Sie erreichen wollen?
- Auch wenn Sie später ein Mikrofon zur Verfügung haben werden, sollte Ihre Präsenz auch die Menschen erreichen, die am weitesten entfernt von Ihnen sitzen.
- Üben Sie wieder mit dem Testsatz.
- Wie verändert sich Ihre Stimme, wenn sich der Raum vergrößert?

Durch das Ausprobieren der Lautstärke in verschiedenen Situationen werden Sie mit der Zeit sensibler für die richtige Dosierung Ihrer Lautstärke.

Alles fließt zusammen

Wenn Sie Ihre Persönlichkeit mit Ihrem Sprechen zum Ausdruck bringen, fließt alles idealerweise zusammen: deutliche Artikulation, gehirngerechtes Sprechtempo, gewichtende Betonungen, gliederndes Sprechen auf den Punkt und angemessene Lautstärke. Jeder Parameter ist vom anderen abhängig und sie beeinflussen einander. Wenn Sie also Ihren Fokus auf einen Bereich legen, wird sich das sicherlich auf die anderen Bereiche positiv auswirken.

Julius und Anna können ihre Stimme gut einsetzen

Julius hat mit Freude die Herausforderung entdeckt, sich jeweils neu auf seine aktuellen Zuhörer einzustellen. Er nutzt den Small Talk im Vorfeld seiner Präsentation zur Kontaktaufnahme und kann dann im Verlauf kleine individuelle Akzente setzen. So bleibt sein Verkaufsvortrag lebendig und maßgeschneidert.

Anna hat im Stimmcoaching gelernt, wie sie ihre Stimme kraftvoll einsetzen kann. Bei Umgebungsgeräuschen unterstützt sie ihre Stimme mit einer bewussten Artikulation und sie erreicht mühelos ihre Zuhörer. Die Besucher ihres Messestandes fühlen sich gut informiert und betreut.

Checkliste: Tipps für Vortrag und Präsentation

Gehören Sie auch zu denen, die sich nur auf den Inhalt ihres Vortrags konzentriert und die Art der Ausführung vernachlässigt haben? Hier habe ich einige Tipps für Sie.

1. Üben Sie Ihren Vortrag laut

Den Vortrag lediglich gedanklich durchgehen, das gilt nicht. Nur wenn Sie laut sprechen, können Sie feststellen, ob Sie Ihren Gedankengang »mundgerecht« formulieren und die Sätze gehirngerecht portioniert sind. Vielleicht haben Sie auch Fachbegriffe dabei, die in der Aufregung zum Verhaspeln verleiten.

2. Körper und Stimme auf Betriebstemperatur bringen

Das Aufwärmen von Körper (Seite 38) und Stimme (Seite 46) ist nicht nur für die sprecherische Leistung unerlässlich. Ein irritierender Frosch im Hals lässt sich durch vorbereitende Übungen leicht vermeiden. Zudem fließen durch einen lockeren Körper auch die Formulierungen leichter. Und ganz nebenbei sind Sie von Gedanken um ein eventuell aufkommendes Lampenfieber abgelenkt.

3. Zum Sprechen passende Kleidung wählen

Ihre Kleidung sollte nicht nur zum Anlass passen, sondern auch für das Sprechen geeignet sein. Oberstes Gebot ist, dass Sie sich darin wohl fühlen! Wenn irgendetwas an der Kleidung zwickt (bedenken Sie dabei auch die Unterwäsche) oder die neuen Schuhe drücken, haben Sie unnötige Störfaktoren für eine wohlklingende Stimme und einen souveränen Auftritt. Üben Sie also Ihren Beitrag in der Kleidung, die Sie dann bei Ihrem Vortrag anziehen wollen!

4. Auf dem Podium: Lassen Sie sich Zeit

Im Idealfall können Sie vor Ihrem Vortrag bereits alles am Rednerpult passend einrichten und sich auf den Raum einstellen oder das Headset bereits im Saal testen. Aber es gibt auch Situationen, in denen Sie von Ihrem Platz im Publikum auf die

Bühne gebeten werden oder in denen Sie von hinten auftreten.

Nehmen Sie sich auf alle Fälle Zeit für diesen Weg! Dort angekommen, nehmen Sie sich ebenfalls Zeit, alles für sich einzurichten. Es ist keine glückliche Idee, die Höhe des Mikrofons am Rednerpult vom Vorredner einfach zu übernehmen. Falsch eingestellt, zwingt es Sie in eine unnötige ungünstige Körperhaltung. Nehmen Sie einen Moment Ihren Platz auf der Bühne wahr und spüren Sie die Wirkung des Raumes auf Sie. Erst dann beginnen Sie mit klarer innerer Entschlossenheit.

5. Zeit für die Trinkpause

Haben Sie während des Vortrags den Mut, kurz innezuhalten und aus dem bereit gestellten Glas Wasser zu trinken. Das ist besser, als mit rauem Hals zu sprechen oder einen Hustenreiz provozieren. Wählen Sie dafür einfach den Abschluss eines Gedankenganges.

6. Pannen passieren – der Umgang damit ist wichtiger

Irgendwas ist immer. Selten, dass alles glattgeht. Das Publikum bekommt davon meist nichts mit und daher sollten Sie sich von kleinen Pannen auch nicht aus der Ruhe bringen lassen. Wenn es Sie beruhigt, überlegen Sie zu Ihrer Sicherheit »Was wäre, wenn …«-Szenarien, z.B.:

Was tun Sie, wenn Sie den Faden verloren haben. Schauen Sie in Ruhe in Ihr Manuskript oder fassen Sie das vorher Gesagte nochmal zusammen? Es gibt viele Möglichkeiten, damit umzugehen, vielleicht teilen Sie mit dem Publikum, dass Sie einen kurzen Moment zur Orientierung brauchen. Vertrauen Sie darauf: je entspannter Sie damit umgehen, desto leichter fällt das kreative Denken.

Was tun Sie, wenn mit der Technik etwas nicht klappt? Haben Sie ein ausgedrucktes Manuskript dabei, wenn der Beamer nicht funktioniert? Versuchen Sie nicht hektisch selbst etwas, wenn Sie keine Ahnung von den Dingen vor Ort haben.

Mit dieser Vorwegnahme können Sie Ihre Befürchtungen durchspielen und im Ernstfall haben Sie Handlungsalternativen parat. Im Zweifelsfall sind Sie mutig genug, alles mit Humor zu nehmen. Und in der Regel ist das Publikum hilfsbereit und geduldig.

7. Applaus entgegennehmen

Lernen Sie hier von Musikern und darstellenden Künstlern. Am Ende einer Darbietung rennen die Künstler nicht einfach von der Bühne, sondern nehmen den wohlverdienten Applaus entgegen. Das dürfen Sie auch. Wiegeln Sie nicht ab. Bleiben Sie im Kontakt mit den Zuhörern und freuen Sie sich über den Zuspruch. Dann sind Sie auch in guter Verfassung für die anschließende Diskussion mit dem Publikum.

Persönlichkeit spüren: Kommunikation im Kontakt

Wenn eine Sendestation eine gute Signalstärke hat, kann sie über weite Strecken senden. Das gilt in der Technik wie in der zwischenmenschlichen Kommunikation.

Nehmen Sie Kontakt auf

Wenn ein Sprecher mit aller Macht versucht, uns seine Botschaft förmlich aufzudrängen, und uns keinen Raum lässt für unser eigenes Mitdenken, kann das ganz schön unangenehm sein. Ein guter Kontakt ist das nicht.

Wie angenehm, wenn Sie spüren, dass der Redner selbst von seinen Inhalten überzeugt ist, ja seinen Inhalt förmlich »lebt« und mit jeder Faser seines Körpers dabei ist und sich das auf Sie selbst überträgt, weil er Sie dabei mit einbezieht. Die berühmte Authentizität ist spürbar. Wie kann es Ihnen gelingen, auch Ihre Zuhörer wirklich zu erreichen? Wie schaffen Sie es, dass der Funke auf Ihre Zuhörer überspringt?

Kommunikation findet immer zwischen einem Sender und einem Empfänger statt. Beide müssen sende- bzw. empfangsbereit sein. Setzen wir voraus, dass Ihre Zuhörer bei einem Vortrag empfangsbereit sind, ist es notwendig, dass Sie als Rednerin für Ihre »hervorragende Signalstärke« sorgen. Dazu müssen Sie sich als »Sendestation« bereitmachen. Dazu brauchen Sie zunächst einen guten Kontakt zu sich selbst. Mit einer guten Verbindung zu sich selbst gelingt schließlich auch ein guter Kontakt zu den Zuhörern.

Kontakt zu sich selbst

Das Sprech-Denken findet im Gehirn statt. Doch die Überzeugungskraft hängt nicht nur an den Argumenten. Mitentscheidend sind Ihr Stimmklang und Ihre Ausdruckskraft. Und beide brauchen den bewussten Einsatz Ihres Körpers. Denn die wirkliche Präsenz mit ihrer Strahlkraft findet mit dem ganzen Körper statt.

Daher brauchen Sie eine gute Verbindung zwischen Ihrem Denken und Ihrem Körper. Ihr stimmlicher Ausdruck wird durch dieses Bewusstsein unterstützt und letztendlich erreichen Sie damit gut Ihre Zuhörer. Noch bevor Sie ein Wort gesagt haben, kann das Publikum so spüren, dass da ein Redner mit großer Präsenz vor ihm steht. Dieser Wirkung, die von der ganzen Person ausgeht, kann sich wohl kaum jemand entziehen.

Kontakt zu den Zuhörern

Sprechen ist immer an jemanden gerichtet. Es dient in der Regel keinem Selbstzweck. Auch bei Selbstgesprächen gibt es ein Gegenüber: vom Mund ins Ohr – auch wenn es beides die eigenen sind.

Machen Sie sich einen kurzen Moment bewusst, bevor Sie beim Sprechen »auf Sendung« gehen: »Ich möchte meine Zuhörer – ob einen oder hundert – wirklich erreichen«. Je mehr es sind, desto klarer muss diese Vorstellung sein, sodass man auch die Zuhörer im zweiten Rang in der letzten Reihe mit in die Aufmerksamkeit einbezieht.

Clara und Johannes vergessen den Zuhörer

Clara präsentiert im Doktorandenkolloquium die Ergebnisse Ihrer letzten Forschungsprojekts. Es ist für sie eine lästige Pflicht, vor den anderen zu stehen und sich der Kritik zu stellen. Sehr wohl fühlt sie sich dabei nicht.
Johannes hat in seiner Steuerkanzlei Mandanten vor sich sitzen. Er geht mit Ihnen die Ergebnisse der aktuellen Steuererklärung durch und erläutert seine Empfehlungen. Manche Sachverhalte sind gar nicht so einfach, aber Johannes geht alles routiniert durch.
Bei manchen Sprechern kommt es einem so vor, als sprächen sie nur für sich selbst oder maximal für die erste Reihe. Der Rest der Zuhörer fühlt sich leider nicht angesprochen. Diese Redner sind eher in ihrem Denken versunken, hangeln sich gedanklich in ihrem Konzept voran und, dass da ein Gegenüber oder ein größeres Publikum vor ihnen sitzt, scheint nicht besonders wichtig. Zufrieden macht das die Zuhörer nicht.
»Wenn sie uns einfach das Skript mit den Ergebnissen gegeben hätte, wäre das genauso gewesen. Wirklich für uns referiert hat sie ja nicht, ablesen kann ich selber auch.«
»Müssen wir das jetzt verstanden haben? Na, Hauptsache, wir können Steuern sparen.«

Aber nicht nur stimmlich macht sich ein guter Kontakt zum Publikum bemerkbar. Auch auf die Wortwahl und den Satzaufbau, ja auf die ganze Sprechweise wird es sich auswirken, wenn Sie sich im Klaren sind, für wen Sie sprechen und was diese Zuhörer von Ihnen brauchen.

Ursachen der Sendestörungen

Der Bezug zum Körper fehlt

Kleine Kinder, die ihren Körper entdecken, sind noch ganz eins mit ihrem Körper. Im Laufe der Entwicklung, während der schulischen Laufbahn oder später bei überwiegend sitzenden Tätigkeiten, kann es passieren, dass der Bezug zum eigenen Körper immer mehr verloren geht.

Die Denkarbeit findet im Gehirn statt – der Rest des Körpers wird ausgeblendet. Wenn es dann von der Schreibtischtätigkeit zur mündlichen Übermittlung kommt, fehlt jedoch häufig der Körper als das eigentliche Transportmittel. Joggen, Fitnessstudio, Yoga oder ähnliche Sportarten sind zwar beliebte Freizeitaktivitäten, aber ein Bewusstsein dafür, wie der Körper die Stimme und das Sprechen unterstützt, ist hier nicht verankert. Und dabei wäre ein gut entwickeltes Körperbewusstsein unerlässlich für eine wirkungsvolle Präsenz. Denn diese bildet die Basis für die Strahlkraft des Sprechers.

Die Bereitschaft, das Thema zu teilen, fehlt

Um in Kontakt zu Ihren Zuhörern zu treten, müssen Sie auch die innere Bereitschaft dazu haben. Auch hier gibt es Störquellen, die verhindern, frei zu den Zuhörern zu senden. Hören Sie in sich hinein: Trifft eine der folgenden Aussagen auf Sie zu?

- Ich stehe nicht hinter dem Thema.
- Ich erwarte unangenehme Konsequenzen und möchte mich am liebsten verstecken.
- Ich finde es selbst nicht interessant oder sogar langweilig.
- Ich gebe dem Inhalt selbst nicht viel Bedeutung.
- Ich habe das Thema/den Sachverhalt noch nicht genügend durchdacht – es ist noch nicht fertig für die Herausgabe und ich bin nicht souverän genug es zu teilen:
- Ich habe noch keine oder wenig Erfahrung, zu vielen Menschen zu sprechen.

Unter einer oder mehrerer dieser Bedingungen ist es sicherlich nicht leicht, zu sprechen. Doch es gilt nur: Hopp oder topp. Das heißt: Im Moment des Sprechens gilt das alles nicht mehr. Um einen guten, klaren Stimmklang mit souveräner Wirkung zu erzeugen, braucht es eine klare Entscheidung für das Sprechen »nach draußen«.

Zur Not muss wieder die Devise »So tun als ob« herhalten: Für diesen Moment stehe ich hinter dem Thema. Es ist jetzt gerade das Spannendste und ich teile den Stand der Dinge, auch wenn es vielleicht noch nicht das Endergebnis ist.

Das hilft Ihnen weiter

Sie fragen sich nun vielleicht: »Wo ist denn nun der Einschaltknopf? In Kontakt mit sich sein? Wo ist das denn?« Hier greifen wir auf die Inhalte des ersten Kapitels zurück:

- Sind Sie sich Ihrer ganzen Größe und des Raums, den Sie ausfüllen, bewusst?
- Lassen Sie jeden Ihre souveräne, selbstverständliche Größe spüren.
- Schaffen Sie eine gute Verbindung zum Zentrum Ihres Körpers, zu Ihrem Bauch- und Beckenraum, hier wohnen Sie. Die richtige Atmung stellt sich von selbst hier ein, wenn hier jemand »zuhause« ist.
- Und hier ist auch die Energie und die Kraft für den Inhalt Ihrer Aussagen und die Kraft ihrer Stimme.
- In sich selbst ruhen, das ist nicht immer so einfach, aber als Ziel durchaus erstrebenswert.
- Verbinden Sie sich daher mit Ihrer inneren Stärke und schalten Sie Ihre »Sendestation« ein.

Im Alltag üben

Um in herausfordernden Sprechsituationen in einem guten Kontakt mit sich zu sein, wäre es kein guter Gedanke, erst in diesem speziellen Moment damit zu beginnen. Also üben Sie wieder in alltäglichen Situationen: beim Brötchenkaufen, beim Händeschütteln, bei einer Begrüßung, bei einem Routinetelefonat.

Sie werden viele Gelegenheiten finden, bei denen Sie für einen Moment ihre Energie in Ihrem Körperzentrum spüren können. Damit gehen Sie dann in den Kontakt zu ihrem Gegenüber. Dafür ist auch ein Blickkontakt von Vorteil, aber übertreiben Sie es damit nicht, um nicht missverstanden zu werden oder den anderen zu sehr zu bedrängen.

Die »Bühne« betreten

Der Weg zum Feierabend

Stellen Sie sich vor Ihre geschlossene Zimmertür. Fassen Sie dann den Entschluss, hineinzugehen, mit dem Wissen, Sie betreten nach einem arbeitsreichen Arbeitstag jetzt Ihr Wohnzimmer. Sie wollen den Abend nur noch auf dem Sofa verbringen. Beobachten Sie, wie Ihr Körper auf diese Vorstellung reagiert:

- Wie öffnen Sie die Tür?
- Wie ist Ihr Gang?
- Wie viel Körpergröße zeigen Sie?
- Was nehmen Sie vom Raum wahr?

Der Weg zum Star

Sie stehen wiederum vor der Zimmertür. Diesmal stehen Sie hinter der Bühne bei einer Preisverleihung. Wenn Ihr Name aufgerufen wird, gehen Sie stolz auf die Bühne, um den Preis entgegenzunehmen.

Endlich! Sie haben ihn schon lange redlich verdient! Beobachten Sie, wie Ihr Körper auf diese Vorstellung reagiert:

- Wie öffnen Sie jetzt die Tür?
- Wie ist Ihr Gang?
- Wie viel Körpergröße zeigen Sie?
- Was nehmen Sie vom Raum wahr?
- Wie wäre es, diese Vorstellung anzuwenden, wenn Sie über eine Gehaltserhöhung verhandeln wollen?

In beruflichen Situationen

Wenn die Situation es zulässt, nehmen Sie sich drei Sekunden zur inneren Vorbereitung, ehe Sie zu sprechen beginnen (z. B. bei einem Vortrag). In drei Schritten, die Ihr inneres Geheimnis sind, nehmen Sie Kontakt auf

1. zu sich selbst: ganze Größe wahrnehmen, Boden unter den Füßen spüren, atmen,

2. zu sich und dem Raum: Wie raumfüllend sollte ich sein, dazu die Entfernung zu den Wänden wahrnehmen,

3. zu sich, zum Raum und zu den Zuhörern: erste Reihe, letzte Reihe, evtl. einzelne Personen bewusster wahrnehmen.

Üben Sie diese drei Schritte auch immer wieder, OHNE dass Sie sprechen müssen. Es erhöht Ihre Präsenz und Sie werden besser wahrgenommen. So sind Sie quasi immer sende- und empfangsbereit.

Clara und Johannes kommen an

Für Clara ist die Präsentation ihrer Forschungsergebnisse noch nicht zur Lieblingsbeschäftigung geworden. Aber sie ist mutiger geworden, diese Gelegenheit bewusster zu nutzen, um sich Anregungen und Verbesserungsvorschläge Ihrer KollegInnen zu holen. Die fühlen sich nun auch besser angesprochen und geben ihr wertvolle Rückmeldungen.
Johannes hat seine Mandanten nun besser im Blick: erkennt sofort, wenn er zu schnell spricht oder zu komplexe Sätze bildet. Er kann sich immer wieder korrigieren und seine Mandanten gehen gut beraten aus seiner Kanzlei.

Persönlichkeit sein: Gedankenmuster suchen

Wir tragen Gedankenmuster in uns, die uns kleinmachen und uns an unseren Fähigkeiten zweifeln lassen. Unsere wahren Kompetenzen können so nicht zur Geltung kommen.

Hemmende Gedankenmuster

Lampenfieber in ungewohnten Sprechsituationen kennen wir wohl alle. Unser Körper reagiert auf eine Situation, die er vielleicht noch nicht so gut kennt, mit Stress: Am liebsten würden wir vor der Situation davonlaufen. Da das aber meist nicht besonders hilfreich ist, bleiben wir und sprechen trotzdem. Zu diesen körperlichen Reaktionen kommen häufig auch noch unbewusste Gesellen. Ich bezeichne sie gerne als:

- Kleinmacher,
- Ausbremser und
- Zweifelmonster.

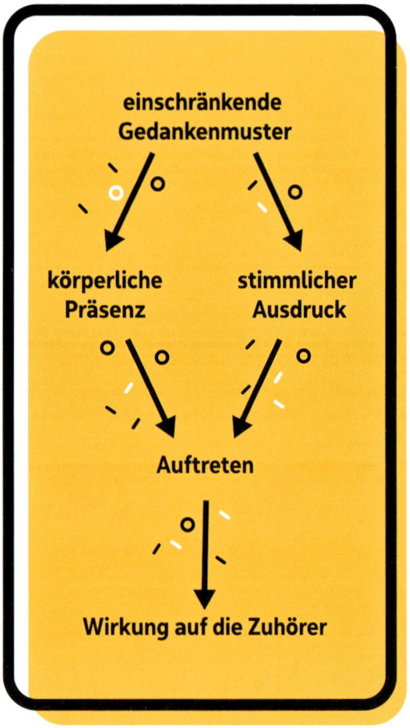

Das sind all die inneren Haltungen und Gedankenmuster, die uns beeinflussen, wenn wir eigene Inhalte zum Besten geben sollen oder wollen. Ob wir unserer Sache sicher sind oder ob wir daran zweifeln, ob wir uns nicht so recht trauen oder ob wir mutig unsere Gedanken einfach mal in den Ring werfen: all das beeinflusst unsere Stimme, unser Auftreten und unsere Wirkung auf die Zuhörer. Und schlimmstenfalls machen sie uns klein, bremsen uns aus und lassen uns an unseren Fähigkeiten zweifeln. Unsere wahren Kompetenzen können so nicht wirklich zur Geltung kommen. Eine klare, wirkungsvolle Stimme braucht also eine klare innere Haltung.

Oft ist uns gar nicht bewusst, was in unserem Inneren abläuft. Erst an der Reaktion der anderen bemerken wir, dass da etwas nicht so gelaufen ist, wie wir es gerne gehabt hätten: Der Chef hat meinen Verbesserungsvorschlag nicht gehört, mein Anteil in einem Projekt wird übersehen, mein Gegenargument wird einfach weggewischt.

Dabei ist die Reaktion der Anderen vielleicht auf das zurückzuführen, was wir unbewusst ausgestrahlt und durch unsere innere und äußere Haltung ausgedrückt haben.

Johanna und Felix machen sich klein

Johanna arbeitet nach ihrem Studium der Betriebswirtschaftslehre im Betrieb ihres Vaters mit. Jetzt soll sie bei einer Betriebsversammlung das erst Mal an der Seite ihres Vaters die Sitzung leiten. »Oje! Was denken die wohl über mich? Ich habe doch längst noch nicht die Erfahrung wie mein Vater. Das kann doch nur schiefgehen.«

Felix hat die Chance, ein Radiointerview zu geben. Man wurde auf ihn aufmerksam, weil er einen speziellen Ansatz in seinem Coachingangebot entwickelt hat. »Das ist doch nichts Besonderes, was ich da mache. Darauf hätte jeder kommen können.«

Warum macht uns der Gedanke an eine bestimmte Sprechsituation so ein ungutes Gefühl. Warum bekommen wir einen Kloß im Hals? Warum scheuen wir die Situationen? Warum gehen wir nicht einfach mit Freude auf unsere Sprecherbühne und zeigen, was wir wissen und können, und begeistern damit unsere Zuhörer?

»Die wäre ja wohl am liebsten davongelaufen, sie wirkte so schüchtern. Und so richtig verstanden habe ich sie auch nicht. Das kann ja bei der Betriebsübernahme noch was werden.«

»So richtig überzeugt scheint er ja selbst nicht von seinem Ansatz zu sein. Ob das wirklich den Erfolg hat, von dem er da spricht?«

Kategorien für hemmende Gedankenmuster

Sich selbst nicht wichtig nehmen

»Die Meinung von XY zählt doch mehr als meine.«
»Was der Abteilungsleiter möchte, hat doch Vorrang.«
Schon bevor Sie überhaupt den Mund aufgemacht haben schlägt hier der Kleinmacher-Geselle zu. Alle anderen sind wichtiger als Sie selbst. Die Meinung des Kollegen hat mehr Gewicht. Sie stellen sich selbst mit Ihrem Wissen oder Ihre Wünsche auf eine tiefere Stufe.

Ist das wirklich gerechtfertigt? Warum sollte Ihre Sichtweise weniger wert sein? Sie könnten auch einen Konsens finden. Aber dazu müssen Sie Ihre Ansicht erst einmal geäußert haben.

Der eigene Anspruch

»Kann ich das überhaupt gut genug?«
»Das muss jetzt aber perfekt sein.«
Die Messlatte für die eigenen Leistungen wird oft zu hoch angesetzt. Die Erwartungen an sich selbst sind nicht stimmig. Wenn Sie z.B. das erste Mal einen großen Vortrag halten, werden Sie in der Regel nicht so souverän auf der Bühne stehen wie Ihr Rednervorbild, das schon seit zehn Jahren auf den Vortragsbühnen steht. Die Perfektionsfalle schnappt also gnadenlos zu.

Aber ich bin sicher, wenn Sie öffentlich zu einem Thema reden, werden Sie sich so gut vorbereitet haben, dass Sie auf jeden Fall einen Wissensvorsprung vor Ihren Zuhörer haben. Und das ist schon mal gut genug. Gönnen Sie sich zudem die geistige Flexibilität, dass die Durchführung Ihres Vortrages anders als in Ihren Vorstellungen wird. Je öfter Sie solche Redesituationen meistern, desto souveräner können Sie Ihre Erwartungen umsetzen und Ihre Potentiale entfalten.

Vergleich

»Die Kollegin kann das doch viel besser, viel witziger, viel strukturierter.«
Vergleiche mit anderen Menschen funktionieren nie. Denn jeder ist in seiner Persönlichkeit einzigartig und hat seine eigenen Stärken und Talente. Die Kollegin ist also ein ganz anderer Typ als Sie. Deshalb macht sie es ganz anders. Sie müssen nicht genau so witzige Kommentare machen wie sie, wenn Ihnen das nicht liegt.

Wir wissen zudem auch oft zu wenig über diese Person: Wie viel Arbeit hat sie bereits investiert, mit wie viel Fehlschlägen ist sie schon umgegangen? Wie schaut es in ihrem Innern aus, auch wenn sie nach außen souverän wirkt? Hat sie vielleicht mit einem Coach zusammengearbeitet und wir erleben jetzt dieses positive Ergebnis? Es gibt so viel, was zusammenspielt und von dem wir nichts wissen.

Daher ist es wichtig, den eigenen Stil zu finden und authentisch zu bleiben. Überlegen Sie für sich: Was passt zu mir und zu meiner Persönlichkeit? Was kann ich darin integrieren, wo kann ich mich weiterentwickeln? Das wird Ihre Zuhörer anziehen und überzeugen. Gleichzeitig werden bei solchen Vergleichen die eigenen Fähigkeiten geringgeachtet und nicht als Ressource angesehen. Auch das ist eine Methode, sich selbst zu schwächen. Also, lenken Sie Ihre Aufmerksamkeit mehr auf Ihre persönlichen Stärken und Fähigkeiten. Nur so kann sich Ihr eigener Stil entwickeln, mit dem Sie sich wohl fühlen und Ihre Zuhörer überzeugen.

Status

»Ich bin doch »nur« ...«
»Ich habe doch nicht die XY-Ausbildung.«
Die eigene Kompetenz wird dabei minder eingeschätzt als die anderer. Nehmen Sie zum Beispiel eine Erzieherin, die beim Elternabend die Eltern fürchtet, die Akademiker sind. Dabei vergisst sie, dass sie in dieser Situation die Expertin ist.

Jeder ist Fachmann/Fachfrau auf seinem Fachgebiet und diese Grundhaltung sollte Ihr Auftreten, Ihr Sprechen begleiten. Konstruktive Anmerkungen und gute Vorschläge können Sie ja gerne entgegennehmen. Es schmälert die eigene Kompetenz nicht, wenn Sie bereit sind von anderen zu lernen.

Geschlechtervorteil

»Na ja, der als Mann hat da keine Probleme!«
Für Frauen ist es zugegebenermaßen oft nicht leicht, sich in einem von Männern dominierten Umfeld zu behaupten. In ihrer Kompetenz gesehen und anerkannt zu werden und sich durchzusetzen, ist für eine Frau auch heutzutage noch problematisch. Wenn Sie sich jedoch selbst kleiner machen und sich selbst die Kompetenz absprechen, »nur« weil Sie auf andere Weise agieren als Ihre männlichen Kollegen, werden Sie auch weniger kompetent auf Ihre Kollegen wirken. Also gilt auch hier: Stehen Sie mutig zu den eigenen Fähigkeiten. Punkten Sie mit Ihrem persönlichen Stil und bringen Sie bewusst Ihre Stärken zum Ausdruck.

Falsche Bescheidenheit

»Die haben keine anderen für diesen Vortrag, dieses Projekt, diese Stelle gefunden«
So eine Denkweise schmälert Ihre eigene Leistung eklatant. Warum erlauben Sie sich nicht, Ihre Kompetenz anzuerkennen und zu schätzen, genauso wie es diejenigen tun, die Sie für diese Aufgabe engagiert haben? Würde ein Veranstalter Sie als Rednerin engagieren, wenn er dächte, Sie seien dem Thema nicht gewachsen oder Sie seien die 2. Wahl? Würde er wirklich das Risiko eingehen, dass Sie der Anforderung nicht genügen? Die Antwort ist höchstwahrscheinlich: Nein. Also, glauben auch Sie daran!

Angst vor dem Lampenfieber

»Wenn ich nicht ein bisschen Lampenfieber habe, langweile ich mich und mein Publikum.« Dieser Satz wird dem weltberühmten Pianisten Arthur Rubinstein zugesprochen.

Wir sehen daran, dass auch jemand, der es gewohnt war, vor einem großen Publikum aufzutreten, nicht vor Lampenfieber gefeit war.

»Vor lauter Nervosität kann ich gar nicht mehr klar denken« Ja, Sprechsituationen können sehr viel Lampenfieber verursachen. Warum sollten also ausgerechnet Sie kein Lampenfieber haben? Vor allem, wenn Sie vielleicht (noch) nicht so viel Erfahrung mit diesen Situationen haben.

Lampenfieber ist aber kein Grund, sich vor einer Sprech-Aufgabe zu drücken. Davon wird es nicht besser. Im Gegenteil: In Ihrem Kopf können die Horrorszenarien immer mehr Raum einnehmen, weil keine guten Erlebnisse in Ihre Erfahrung mit einfließen.

Also, nehmen Sie jede Sprechsituation wahr! Setzten Sie Ihre Erwartungen nicht zu hoch und sehen Sie sie als Trainingseinheit dafür, sich in aufregenden Situationen zu bewähren. Es wird sehr gut laufen und es wird vielleicht auch mal weniger gut laufen. Daraus nehmen Sie Erfahrungen für das nächste Mal mit.

Sind Sie Sie also auf jeden Fall stolz darauf, dass Sie sich dieser Gelegenheit gestellt haben und sie gemeistert haben!

Tipps zum Thema Lampenfieber

1. Gute Vorbereitung Ich setze voraus, dass Sie sich mit Ihrem Thema so gut wie möglich beschäftigt haben. Keiner verlangt, dass Sie allwissend sind. Doch eine gute Grundlage verschafft Ihnen natürlich mehr Sicherheit. Bei einer schlampigen Vorbereitung haben Sie auch allen Grund zum Lampenfieber.

2. Realistische Erwartungen Überprüfen Sie, was Sie von sich erwarten. Ist es Ihrer

Erfahrung, Vorbereitungszeit etc. angemessen. Was wäre ein realistischer Erfolg für Sie? Zu hohe Erwartungen machen unnötigen Druck und verstärken damit das Lampenfieber.

3. Lampenfieber ist ganz normal Einer steht vor vielen! Wer wäre da nicht aufgeregt? Nehmen Sie das Lampenfieber also als etwas ganz Normales. Es geht sehr vielen Menschen genauso wie Ihnen.

Ihr Körper reagiert auf eine Situation, die er vielleicht noch nicht so kennt, mit Stressreaktionen: Am liebsten würde er vor der Situation davonlaufen. Da das aber meist nicht besonders hilfreich ist ... bleiben wir und sprechen trotzdem.

4. Lampenfieber ist gut Der Adrenalinstoß bringt Wachheit, eine gute Präsenz und damit die notwendige Spannung, um das Publikum nicht zu langweilen. Wenn Sie gar keine innere Spannung mehr spürten, würde auch eine gute Portion Energie fehlen.

Routine und eine gewachsene Souveränität können das Lampenfieber sehr verkleinern oder gar zum Verschwinden bringen. Aber es braucht dann eine gute innere Motivation als Energieträger, sonst kann Ihr Auftritt schnell langweilig werden.

5. Versuchen Sie nicht, es mit allen Mitteln wegzubekommen Je mehr Sie Ihren Fokus darauf legen, wie schrecklich das Lampenfieber ist und Sie es mit allen Mitteln loswerden möchten, desto größer ist die Chance, es zu verstärken.

Sie lenken damit Ihre Aufmerksamkeit noch mehr auf Ihr inneres Schreckensszenario und sind auf dem besten Weg, es zur Realität werden zu lassen. Viel wichtiger ist es zu überlegen, wie Sie mit dem Lampenfieber umgehen können. Wie treten Sie auf mit Lampenfieber?

6. Körperliche Symptome sind Ihr Geheimnis Symptome wie Herzklopfen, weiche Knie, Händezittern und Ihr innerer emotionaler Aufruhr werden meist nur von Ihnen selbst so stark wahrgenommen. Das Publikum ist in der Regel weiter weg und ist mit Zuhören beschäftigt. Es wird diese Regungen kaum oder gar nicht wahrnehmen.

7. Lampenfieber vergeht nach kurzer Zeit. In der Regel macht es sich kurz vor dem Auftritt oder am Anfang bemerkbar. Ist die Hürde des Anfangens jedoch genommen und Sie erlauben sich, in Ihr Thema einzutauchen, dann verschwindet es meist nach wenigen Sätzen.

8. Körperlockerung: Anspannung wegschütteln Der Gedanke, dass Sie gleich einen Vortrag, ein Webinar, ein wichtiges Gespräch führen sollen, ist meist mit Aufregung und Anspannung verbunden. Damit sich diese Anspannung nicht negativ auf unsere Präsentation legt und Sie Herr der Lage bleiben, schütteln Sie sie einfach weg.

Schütteln Sie Hände und Arme, Füße und Beine kräftig aus. Lassen Sie die Schulten kreisen und lassen Sie die Lippen flattern wie beim Pferdeschnauben. Nehmen Sie Ihren Bauch in beide Hände und schütteln auch ihn durch. Den Atem lassen Sie dabei fließen! Schon haben Sie den Körper in einen lockereren Modus gebracht.

Denken Sie an diese Übung, wenn Sie bei Ihrem nächsten Auftritt vorher nochmal auf die Toilette gehen, dort sind Sie unbeobachtet.

9. AUS-atmen Einer der besten Tipps gegen Lampenfieber ist das AUS-atmen. Also: Richten Sie Ihre Aufmerksamkeit auf Ihr Ausatmen – nicht auf das Einatmen. Ganz entgegen dem Spruch »Hol doch erst mal tief Luft«. Verbinden Sie Wahrnehmung des Ausatmens mit der Wahrnehmung des Bodenkontakts Ihrer Füße: Der Boden trägt Sie auch in dieser aufregenden Situation und gibt Ihnen Sicherheit »von unten«.

Damit diese Verlängerung des Ausatmens gut klappt, atmen sie einfach auf ein »F« aus. Die Luft, die der Körper dann wieder braucht, kommt ganz von alleine. Wenn Sie so einige Atemzüge geatmet haben, werden Sie die beruhigende Wirkung auf Ihr vegetatives Nervensystem spüren.

Durch diese bewusste Atmung haben Sie eine gute Möglichkeit Ihre körperlichen Vorgänge zu kontrollieren, und fühlen sich dem Lampenfieber nicht mehr so ausgeliefert. Sie beherrschen die Lampenfiebersymptome und nicht umgekehrt.

Und das Beste: Ihr Fokus liegt nicht mehr auf dem »Oje, – ich schaffe das nicht«, sondern Sie können sich in sich zentrieren, sind in Ihrer Präsenz und sammeln Ihre Energie für den Auftritt.

10. Auch tausend Zuhörer bestehen aus einzelnen Menschen Es kann ein kleiner Schreckmoment sein, wenn man in einem Vortragssaal plötzlich die ganze Masse der Zuhörer vor sich sitzen sieht. Allein die Vorstellung kann den Magen zur Rebellion treiben.

Machen Sie sich dabei klar, dass Sie für jeden Einzelnen sprechen. Vielleicht haben Sie im Vorfeld schon einen sympathischen Teilnehmer kennengelernt, der jetzt irgendwo im Publikum sitzt. Für den sprechen Sie, auch wenn Sie ihn nicht wirklich sehen können. Dann wird es nach einigen Malen egal, ob Sie drei Zuhörer haben oder 20 oder 300.

11. Kopfkino des Erfolgs Wir sind immer sehr gut darin, uns die schlimmsten Momente auszumalen, die passieren könnten. Diese Gabe eignet sich auch sehr gut, um den Spieß umzudrehen und den inneren Film zu drehen, wie Ihr Auftritt im besten Falle laufen soll. Vielleicht haben Sie ja sogar schon mal eine Situation erlebt, in der es gut geklappt hat: Sie haben souverän vor einem Publikum gesprochen und waren damit erfolgreich. Dann können

Sie gut an dieses »Drehbuch« anknüpfen. Wenn nicht, dann schreiben Sie Ihr Drehbuch des Erfolgs eben neu. Nehmen Sie Sich dazu einige ruhige Minuten: Setzen Sie sich bequem hin und schließen Sie die Augen. Der Film startet:

- Sehen Sie sich vor Ihrem inneren Auge in allen Details:
- Was ziehen Sie an?
- Sie sind auf dem Weg zum Ort, wo Ihr Auftritt stattfindet.
- Sie stehen vor dem Publikum.
- Sie sprechen in Ihrer vollen Kraft.
- Die Zuhörer applaudieren.
- Hören Sie die Geräusche, einschließlich Ihrer eigenen Stimme, die klar und voll klingt.
- Welche guten Gefühle begleiten Sie?
- Wie geht es ihnen danach?
- Wenn es für Sie hilfreich ist, bauen Sie Pannen ein, die Sie fürchten, und dann natürlich gleich hinterher Ihren souveränen Umgang damit!
- Und vergessen Sie nicht, Ihren Erfolg zu feiern!

12. Haben Sie Spaß! Ganz im Ernst: Wenn Sie Freude daran haben Ihr Wissen weiterzugeben, Ihr Produkt zu verkaufen oder worum auch immer es bei Ihrem Sprechanlass geht, dann wird dieser Funke der Begeisterung auch auf Ihre Zuhörer überspringen. Und damit meine ich eine echte, authentische Freude, nicht ein aufgesetztes »Wir haben hier alle Spaß«. Sie werden eine innere Freude erleben, dass Sie jetzt und hier Ihre Inhalte dem Publikum präsentieren dürfen.

Nur durch das Tun und die dadurch gewonnenen Erfahrungen werden Sie sich in Auftrittssituationen sicherer fühlen. Sind Sie sich im Klaren: Irgendwas läuft immer anders, als Sie es sich vorgestellt haben! Und Sie sind in der Lage, damit umzugehen!

Das können Sie tun

Zunächst ist es notwendig, sich zu überlegen: Was sind meine persönlichen Ausbremser, Zweifelmonster und Kleinmacher? Denn diese Gedankenmuster untergraben Ihre Kompetenz, schmälern Ihr Können, sie machen Sie klein und mindern Ihren Selbstwert. Sie fühlen sich nicht wohl und sind mit Ihrem Sprechauftritt unzufrieden. Das überträgt sich auf Ihre Stimme und Ihr Auftreten und schmälert Ihre Wirkung auf Ihre Zuhörer.

Drei Schritte zur Veränderung

Erster Schritt: Welches Gedankenmuster schränkt Ihren stimmlichen Auftritt ein?
Stellen Sie sich eine typische Sprechsituation vor, in der Sie sich unwohl fühlen. Welche Gedanken kommen Ihnen dazu, was hindert Sie daran frei und souverän zu sprechen?

Finden Sie sich in einer der genannten Kategorien wieder (Vergleich, Status, Anspruch, Bescheidenheit ...)? Oder haben Sie eine nicht genannte Variante bei sich entdeckt?

Zweiter Schritt: Formulierung des Ist-Gedankens
Formulieren Sie einen Satz, der zu Ihrem derzeitigen Gedankenmuster passt. Was trifft Ihr Problem am besten, das Sie an einem souveränen, überzeugenden Sprechen hindert?

Schreiben Sie sich diesen Satz auf.

Dritter Schritt: Formulierung des Ziel-Gedankens
Formulieren Sie in positiver Weise Ihr Ziel. Was wollen Sie stattdessen, wie wollen Sie stattdessen sein? Verwenden Sie kein »nicht« oder »kein« in diesem Satz.

Gedankenmuster

altes Denkmuster	neues Denkmuster
Ich weiß doch da gar nicht genug darüber.	Mein jetziger Wissensstand reicht, um jetzt darüber zu sprechen. Ich vertraue meiner derzeitigen Erfahrung.
Meine Meinung ist doch nicht so wichtig.	Meine Meinung hat den gleichen Wert wie die der anderen.
Die anderen könnten mich doch für inkompetent halten.	Ich habe viel Wissen/Erfahrung und lerne gerne dazu.
Vor lauter Lampenfieber kann ich nicht mehr klar denken.	Ich gehe konstruktiv mit meinem Lampenfieber um und achte vor allem auf meine Ausatmung.
Die wollen mich doch gar nicht hören.	Ich bleibe bei mir und bleibe in meiner Lebendigkeit.

Schreiben Sie Ihren Satz auf und lesen Sie ihn sich laut vor. Sie haben den richtigen Satz für sich gefunden, wenn Sie dem Satz mit einem kraftvollen »Ja« zustimmen können. Auch wenn Sie das neue Muster vielleicht noch nicht so richtig glauben können, hier gilt: So tun als ob!

Unterstützung durch Ihre Ressourcen-Sonne

Um Sie innerlich noch mehr dabei zu unterstützen, besser in das neue Denkverhalten zu kommen, nutzen wir ein Element aus der lösungsorientierten Beratung, die sog. Ressourcen-Sonne. Sie hilft Ihnen, sich bewusst zu machen, welche Stärken, Fähigkeiten und Eigenschaft Sie bereits haben, um Ihr neues Denkmuster und neues Verhalten zu unterfüttern.

Dazu zeichnen Sie einen Kreis in die Mitte eines Blattes. In diesen Kreis schreiben Sie Ihren Zielsatz, Ihr neues Denkmuster. Vom Kreis ausgehend ziehen sich mehrere Linien, wie die Strahlen einer Sonne. An diese Linien schreiben Sie alle Stärken, Fähigkeiten und Eigenschaften, die Ihr Ziel gut unterstützen.

Fällt es Ihnen schwer, sich zu beschreiben, überlegen Sie auch, was andere über Sie sagen würden. Was schätzt Ihr bester Freund oder Ihre beste Freundin an Ihnen? Ist Ihnen die gewünschte Situation schon einmal gut gelungen? Welche Fähigkeiten haben dazu beigetragen?

Johanna und Felix sind auf dem richtigen Weg

Johanna hat erkannt, dass sie einen anderen Führungsstil als ihr Vater anstrebt. Seine vielen Jahre als Chef kann sie anerkennen, ohne sich selbst dahinter zu verstecken. »Ich gehe mit frischen Ideen an meine Aufgabe und gebe mir Zeit für meine persönliche Entwicklung.« Selbstbewusst spricht sie mit kraftvoller Stimme vor den Mitarbeitern.

Felix ist sich bewusst geworden, dass er eine wertvolle eigenständige Methode kreiert hat, auf die er stolz sein kann. »Ich berichte mit Freude und Überzeugung von meiner Arbeitsweise.« Im Radiointerview überzeugt er durch seine ruhige und dennoch kraftvolle Sprechweise.

Auch ein Vorbild kann helfen, immer sicherer im neuen Verhalten zu werden. Was finde ich gut, was möchte ich gerne ähnlich machen?

Ihre Ressourcen-Sonne können Sie dort aufhängen oder aufbewahren, wo öfters Ihr Blick darauf fällt. Beschäftigen Sie sich immer mal wieder damit. Ergänzen Sie Eigenschaften, die Sie bei sich entdeckt haben. So können Sie die neue Art, über sich zu denken, immer mehr verinnerlichen.

Zielgedanken, Größe und Stimmklang verbinden

Verbinden Sie Gedanken an Ihren Auftritt ab sofort nur noch mit dem neuen Gedankenmuster.

- Nehmen Sie bewusst Ihre ganze Größe und Ihren inneren Raum ein und sagen Sie laut Ihren neuen Satz.
- Beobachten, wie sich dadurch Ihr Stimmklang ändert und Sie mehr Souveränität gewinnen.
- Haben Sie ab sofort viel Freude in Ihren aufregenden Sprechsituationen!

Denn Sie haben jetzt das Handwerkszeug, das Sie bei Ihren Sprechauftritten unterstützt. Sie können immer wieder darauf zurückgreifen und können so Ihre Sprecherpersönlichkeit immer mehr zur Geltung bringen. Hier noch einige Tipps:

Tipps für schwierige Sprechsituationen

Eine telefonische Beschwerde, eine hitzige Debatte, ein unbequemes Kundengespräch: Gemeinsam haben diese oder ähnliche Situationen, dass sehr viel Druck dahintersteckt. Emotionen kochen hoch und Ihre Überzeugungskraft ist gefragt. Leidtragende dabei ist immer auch die Stimme: Zu viel Spannung strengt auch sie an, treibt sie in die Höhe und lässt sie auch mal wegbrechen. In diesen Situationen einen kühlen Kopf zu bewahren ist gar nicht so einfach. Darauf können Sie achten, wenn es mal wieder hoch hergeht (und am besten nicht nur dann ...):

- Nehmen Sie Ihre Sitzfläche bzw. Ihre Fußsohlen wahr und entspannen Sie die Schultern. So kommen Sie wieder »runter«. So können Sie besser bei sich bleiben und dennoch ein offenes Ohr für Ihren Gesprächspartner haben.
- Atmen Sie ruhig weiter. Im Stress passiert es leicht, dass der Atem sehr flach wird.
- Sprechen Sie ruhig weiter und halten Sie die natürlichen Sprechpausen ein. Das gibt wieder die Mikropausen zur Entspannung.
- Halten Sie Zimmerlautstärke beim Sprechen ein. Überlautes Sprechen in stressigen Situationen strengt die Stimme noch zusätzlich an und erhitzt noch zusätzlich die Situation.
- Machen Sie nach schwierigen Gesprächen eine kurze Pause. Trinken Sie, gehen Sie zur Toilette – das hilft, um zu viel Spannung loszuwerden.

Tipps für Zwischendurch

Was Sie immer bedenken sollten: Der Kopf denkt, die Stimme und der Körper führen es aus. Leicht geht das im Tagesgeschäft unter und der Kopf hat wieder die Überhand. Dabei wäre es ganz leicht, zwischendurch kleine Miniportionen an Aufmerksamkeit und Übung einzubauen. Ihre stimmliche und sprecherische Präsenz werden es Ihnen danken. Möglich ist dies beispielsweise

- auf dem Weg vom Schreibtisch zur Teambesprechung,
- beim Warten auf den Bus oder auf den Lift,
- beim Anziehen am Morgen.

Das können Sie tun:

- Lockerungsübungen für den Körper, vor allem nach langen Sitzen
- kleine Stimmübungen: summen, innerlich gähnen mit Ton, Lippen flattern lassen mit Ton
- Zungenübungen
- auf die Atmung achten
- mit dem Ausatmen Spannung wegatmen
- sich der Größe bewusst sein und diese darstellen
- liegende Acht mit der Nasenspitze in die Luft malen, ergibt feine Bewegungen im Kopfgelenk und lockert die Nackenmuskulatur

Am besten ist es, wenn Sie kleine Gewohnheiten etablieren, dann fließt das automatisch in Ihren Alltag ein:

- Immer wenn ... ich am Lift warte, dann erlaube ich mir meine ganze Größe.
- Immer bevor ... ich telefoniere, mache ich zwei weiche Kaubewegungen mit einem gemütlichen Ton.
- Immer wenn ... ich mir nach der Toilette die Hände wasche, lockere ich mit dreimal Kreisen meine Schultern.

Mit Stimme Persönlichkeit zeigen

In der Schatzkiste des Stimmcoachings finden Sie den Reichtum Ihrer Stimme. Die Auseinandersetzung mit Ihrer Stimme bietet Ihnen die Chance, alle Facetten Ihrer Persönlichkeit zu entdecken.

» *Zeige dich, wer du bist und wofür du stehst mit deiner Stimme und deinem Auftreten.* «

So viel steckt in Ihrer Stimme: Ihre gesamte Sprecherpersönlichkeit! In jeder vermeintlich noch so simplen Übung blitzt ein Anteil Ihrer Persönlichkeit auf und lässt Sie diese Übung auf Ihre ganz eigene Weise ausführen.

Erfahren Sie mehr über sich selbst

Je besser Sie herausfinden, was den Klang Ihrer Stimme schmälert und Ihren Ausdruck bremst, desto besser werden Sie sich auch selbst kennenlernen. Durch die Auseinandersetzung mit Ihrer Stimme und allem, was dazugehört, entdecken Sie, wie Sie Ihre Stärken besser zu Gehör bringen und damit Ihre Zuhörer überzeugen können.

» *Stimme ist Persönlichkeit und Persönlichkeit ist Stimme: Kommen Sie sich selbst auf die Spur.* «

Wie sehr Ihre Stimme und ihre Persönlichkeit miteinander verflochten sind, macht folgende Übung deutlich: Sie schreiben auf ein Blatt Papier:

Meine Stimme (ist) … Hier ergänzen Sie nun, wie Sie Ihre Stimme beschreiben würden.

Vielleicht fällt es Ihnen zunächst gar nicht so leicht, passende Eigenschaftswörter für Ihre Stimme zu finden. Seien Sie kreativ und fühlen Sie sich frei von Limitierungen. Schließlich ist Ihre Stimme einzigartig wie Ihr Fingerabdruck. Ihren spezifischen Klang gibt es kein zweites Mal.

Ist Ihre Stimme z.B. weich, fest, wackelnd, unsicher, schneidend, kraftvoll, matt, tief, wenig melodiös, mitreißend, klar, tragfähig, leise, zu laut, strahlend, brüchig usw.?

Ehe Sie weiterlesen, machen Sie unbedingt diesen ersten Teil der Übung. Beim zweiten Teil der Übung ersetzen Sie nun »Meine Stimme« durch:

»Ich bin ...« und fahren fort mit genau den Begriffen, die Sie zu Ihrer Stimme notiert haben. Lesen Sie sich die Sätze laut vor und lassen Sie den Inhalt auf sich wirken.

Was haben Sie herausgefunden? Wie zutreffend ist für Sie die Gleichsetzung? Meist ist hier eine verblüffende Übertragung möglich. Manchmal muss ein wenig modifiziert werden, manchmal findet aber man auch keine unmittelbare Entsprechung.

Hier ein Beispiel einer Klientin:

Meine Stimme (ist) ....

- unaufdringlich
- schwankend
- kommt an
- kann kraftvoll sein
- hoch
- belastbar
- kann gewichtig sein – öfters rau

Ich bin ...

- unaufdringlich
- schwankend
- komme an
- kann kraftvoll sein
- hoch
- belastbar
- kann gewichtig sein – öfters rau

Bei der Formulierung »Ich bin hoch« können wir überlegen, was dahintersteckt: Mein Körperschwerpunkt liegt eher im Brustbereich, ich ruhe nicht in mir selbst. Oder die Übertragung „Ich bin rau“ lässt uns vielleicht auf den Gedanken kommen, dass ich manchmal etwas mehr Weichheit zulassen dürfte.

Sie werden schnell die passende Zuordnung für sich herausfinden. In dieser Übung wird sehr gut deutlich, wie eng die Stimme und die eigene Persönlichkeit zusammengehören. Sie kann Ihnen weitere Anhaltspunkte für die Auseinandersetzung mit Ihrer Stimme und Ihren Verhaltensweisen geben. Womit sind Sie zufrieden und was stärkt Sie?

Was empfinden Sie als störend, hinderlich oder belastend? Wobei bräuchten Sie vielleicht professionelle Unterstützung, um sich weiter zu entwickeln?

Tipps für die Stimmhygiene

Das schadet Ihrer Stimme	Das ist gut für Ihre Stimme
Dauerhaft zu hohes Sprechen Die Stimmbänder leiden unter einer Dauerspannung, die zu einer Überlastung führen kann. Sie bemerken ein Anspannungsgefühl, müssen sich vielleicht öfters räuspern und die Stimme klingt matt.	Finden Sie Ihre Wohlfühlstimmlage In dieser entspannten Lage können die Stimmbänder locker schwingen und einen klaren Klang erzeugen.
Dauerhaftes zu lautes Sprechen und Schreien Die Stimmbänder werden überlastet. Heiserkeit und ein Anstrengungsgefühl machen sich breit.	Überprüfen Sie Ihre Lautstärke und vermeiden Sie übermäßiges Schreien. Wenn es mal lauter werden soll, nutzen Sie unbedingt das Zwerchfell als Unterstützung. Die Kraft für die Stimme kommt aus dem Bauch und nicht aus dem Kehlkopf.
Reden bei Hintergrundgeräuschen In lauter Umgebung versuchen wir oft, mit viel Druck gegen die Störgeräusche anzusprechen.	Meiden Sie laute Umgebungen oder sprechen Sie clever Versuchen Sie eher, über den Lärmpegel hinwegzusprechen. Lassen Sie Ihre Stimme eher von den Geräuschen davontragen. Schwimmen Sie wie auf der Welle mit und kämpfen Sie nicht dagegen an.
Übermäßige Stimmbelastung bei Erkältungen mit Heiserkeit Die Stimme ist schon etwas angegriffen und wir reden das normale Sprechpensum weiter. Oft geschieht das unbewusst mit vermehrtem Druck, um die fehlende Klangqualität auszugleichen.	Machen Sie eine Stimmpause Bei Erkältungen gibt es sehr viel bewährte Hausmittel, z.B. Salbeitee. Seien Sie zurückhaltend mit Kamille, denn sie trocknet die Schleimhäute eher aus. Für mich bedeuten Erkältungen vor allem, dass eine Pause angesagt ist! Wenn Sie eine Heiserkeit erwischt hat, halten Sie, so gut es geht, Stimmruhe ein und geben Sie sich Zeit für Ihre Erholung.

Das schadet Ihrer Stimme	Das ist gut für Ihre Stimme
Häufiges Husten und Räuspern Durch ein trockenes Husten und Räuspern reiben die Stimmbänder mit viel Druck aneinander. Auslöser ist oft eine unzureichende Sprechtechnik. Unbewusst versuchen Sie, ein Kratzen, ein Fremdkörpergefühl, den Frosch im Hals wegzuräuspern. Zielführend ist das keineswegs.	Versuchen Sie locker und stimmhaft zu Hüsteln Wenn sich mal ein Krümel verirrt hat oder etwas Schleim zu viel da ist, nutzen Sie ein möglichst lockeres Hüsteln. Oder Sie trinken Sie einen Schluck Wasser. Wenn Sie ständig einen Drang zum Räuspern haben, lassen Sie Ihre Stimmbänder vom Hals-Nasen-Ohren Arzt überprüfen. Vielleicht liegt eine funktionelle Stimmstörung vor, die Sie stimmtherapeutisch behandeln lassen sollten.
Mundatmung Das Atmen durch den Mund trocknet die Atemwegspassagen leicht auf. Dadurch können Atemwegsinfektionen oder Halsentzündungen leichter entstehen.	Atmen Sie durch die Nase Atmen Sie, so weit es geht, durch die Nase. Die Atemluft wird dadurch angewärmt, gereinigt und angefeuchtet. Durch den Luftwiderstand wird zudem die Zwerchfelltätigkeit angeregt.
Mangelnde Bewegung Der Körper rostet ein, Verspannungen manifestieren sich. Die Stimme findet letztlich keine Unterstützung aus dem Körper und der Kehlkopf wird überbelastet.	Bleiben Sie geschmeidig – ein wenig Kondition tut gut Die Stimme braucht als Unterstützung eine ausgewogene Körperspannung. Setzen Sie gezielt Bewegungspausen ein, um körperlich beweglich und fit zu bleiben. Kurze Dehnübungen, Gymnastikübungen oder ein flotter Spaziergang an der frischen Luft sind eine gute Möglichkeit.
Reflux (Sodbrennen) Die aufsteigende Magensäure kann die Stimmbänder von unten verätzen.	Achten Sie auf Ihre Ernährung Nehmen Sie vor allem auf magenschonende Nahrungsmittel zu sich. Halten Sie Rücksprache mit Ihrem Arzt, ob Medikamente notwendig sind.

Das schadet Ihrer Stimme	Das ist gut für Ihre Stimme
Nebenwirkung von Medikamenten Einige Wirkstoffe können schleimhautaustrocknende Nebenwirkungen haben, z.B. Antidepressiva, Blutdrucksenker (Beta-Blocker, ACE-Hemmer) oder Antihistaminika gegen Allergien. Vorsicht auch bei Schmerzmitteln. Hier können Einblutungen in die Stimmlippen bei Stimmbelastung entstehen.	**Suchen Sie Alternativen** Wenn Sie Anzeichen von Beschwerden mit der Stimme bemerken, suchen Sie auf dem Beipackzettel nach entsprechenden Hinweisen. Gegebenenfalls besprechen Sie mit Ihrem Arzt eine mögliche Alternative.
Aufenthalt in überheizten, trockenen Räumen Trockene Luft, vor allem im Winter, wirkt austrocknend und macht die Stimmbänder anfälliger und spröder.	**Sorgen Sie für ein gutes Raumklima** Achten Sie auf ausreichende Lüftung und trinken Sie kontinuierlich am besten reines Wasser.
Nikotin und Alkohol Schädliche Partikel im Rauch können Entzündungen auf den Schleimhäuten hervorrufen, die zu Stimmlippenveränderungen führen können; eine typische Raucherstimme entsteht. Alkohol begünstigt eine vermehrte Wasserausscheidung. Die trockenen Stimmbänder können so mehr von der ätzenden Wirkung des Alkohols gereizt werden und anschwellen. Auch das Gläschen Sekt gegen das Lampenfieber ist daher keine gute Idee! Setzen Sie keinesfalls auf die unberechenbare Wirkung des Alkohols, um Ihre Aufregung in den Griff zu bekommen.	**Meiden Sie Nikotin, trinken Sie nur wenig Alkohol** Auch wenn es manche Sänger und Schauspieler anders vormachen: Rauchen und Alkohol sind Gift für die Stimme.
Klimaanlage im Büro, Gebläse im Auto Durch den Luftzug (auch wenn er kaum bemerkbar ist), werden die Stimmbänder leicht ausgetrocknet.	**Meiden sie Zugluft** Bei eingeschalteter Klimaanlage trinken Sie bewusst ausreichend. Im Auto können Sie die Lüftungsschlitze so einstellen, dass die Luft Ihnen nicht direkt in Gesicht bläst.

Das schadet Ihrer Stimme	Das ist gut für Ihre Stimme
Scharf gewürzte Speisen Sie können die Schleimhäute reizen und wirken austrocknend.	**Würzen Sie moderat** Vor allem vor einer längeren Sprechaufgabe sollten Sie nicht das schärfste Gericht auf der Speisekarte wählen. Auch wenn Sie sonst Chili und Co. gut vertragen, verzichten Sie zu Gunsten Ihrer Stimmbänder lieber darauf.
Kaltstart mit der Stimme Sie haben eine längere Sprechpause hinter sich oder eine längeren Sprechphase vor sich? Erwarten Sie von Ihrer Stimme, dass sie mühelos dabei ist?	**Wärmen Sie Körper und Stimme auf** Nutzen Sie kleine Bewegungs- und Stimmübungen, um auf Betriebstemperatur zu kommen. Bedenken Sie: Ihre Stimme braucht am Morgen viel länger zum Aufwachen als Ihr Gehirn und Ihr Körper.
Dauerhafte Stressbelastungen Dauerstress reduziert die Atemtiefe, setzt sich mit Anspannungen im Schulter-Nacken-Bereich fest und verursacht Rückenschmerzen; die Kiefermuskulatur versucht, sich »durchzubeißen«. Alles keine guten Voraussetzungen für eine wohlklingende Stimme.	**Gehen Sie konstruktiv mit Stress um** Schaffen Sie sich in Ihrem Alltag Platz für Entspannung und Regeneration. Vielleicht können Sie einiges delegieren oder sich für bestimmte Aufgaben Unterstützung holen. Vielleicht möchten Sie ein Ritual nach einem Arbeitstag etablieren: Streifen Sie mit der Hand nacheinander die Oberarme entlang nach unten mit der Vorstellung: alles weg, was stressig war. Ebenso verfahren Sie mit den Beinen und den Schultern. Wenn Sie dies noch im Büro durchführen, können Sie den ganzen Körper symbolisch frei machen für einen unbeschwerten Feierabend.

Zum Schluss

... möchte ich Sie noch einmal von Herzen ermutigen, Ihrer Stimme mehr Aufmerksamkeit und Raum zu schenken. Es ist die Aufmerksamkeit, die Sie sich selbst schenken. Machen Sie sich auf den Weg, Ihre ungenutzten Potentiale zu entdecken.

Den ersten Schritt haben Sie mit dem Kauf dieses Buches ja schon getan. Suchen Sie Sich nun das Beste für sich aus diesem Buch heraus – vielleicht ist es nur eine Übung, ein Gedankenimpuls – und experimentieren Sie damit.

Wenn Sie sich tiefer und individueller mit Ihrer Stimme auseinandersetzen möchten, empfehle ich Ihnen sehr, mit einem Stimmcoach zusammenzuarbeiten.

Gerne stehe auch ich Ihnen dafür zur Verfügung. Es ist für mich immer ein Glück, meine Kunden und Patienten auf diesem faszinierenden Weg begleiten zu dürfen.

Besuchen Sie mich doch einfach auf meiner Webseite: www.dr-gerlinde-lamprecht.de. Dort finden Sie meine aktuellen Angebote und alle notwendigen Kontaktdaten.

Und zum Schluss mein ganz persönlicher Tipp: Lachen Sie, sooft Sie eine Gelegenheit dazu finden! Lachen lockert das Zwerchfell, setzt Endorphine frei und öffnet die Seele. Das alles ist eine wunderbare Grundlage für eine klare, freie Stimme.

Service

Weitere Infos unter: www.alexander-technik.org

Literaturempfehlung: Renate Wehner: Alexander-Technik. Stuttgart, TRIAS Verlag; 2018

Meine Website: www.dr-gerlinde-lamprecht.de

Stichwortregister

A

Alexander-Technik 28
Anspannung 17
Applaus 57
Artikulation 45
Atemmuskel 12
Atmung 23
Ausdruck 50
Ausdrucksfähigkeit 15
Ausstrahlung 23
Authentizität 25

B

Bauch 36
Becken 36
Bescheidenheit 67
Betonungen 49
Brustatmung 36

C

Coaching 9

D

Dialekt 45
Druck 21

E

Emotionen 17
Erschöpfung 37

F

Flexibilität 38
Führungskarriere 15

G

Gedankenmuster, hemmende 66
Geschlechtervorteil 67
Gewohnheiten 26
Grundcharakter 16

H

Haltung 22
Heiserkeit 21

K

Karriere 14
Kiefergelenk 12
Kiefermuskulatur 35
Klangqualität 30
Kleidung 56
Kontakt 18, 58
Körperhaltung 22
Körpersprache 19

L

Lampenfieber 68
Lautstärke 53

M

Mimik 19
Muskeltonus 17

N

Nacken 36
Netzwerk 19
Nuscheln 46

P

Pannen 57
Persönlichkeit 16
– ausstrahlen 22
– Gedankenmuster 64
– hörbar machen 30
– Kommunikation im Kontakt 58
– mit der Stimme zeigen 76
– transportieren 44
Podium 56
Präsentation 56
Präsenz 18

R

Räuspern 21
Resonanz 24, 32
Ressourcen-Sonne 73

S

Schnelldenker 48
Schulter 36
Sendestörungen 60
Sprechlautstärke 53
Sprechsituation 24
Sprechsituationen, schwierige 74
Sprechtempo 48
Sprechtraining 18
Sprechweise 19
Status 67
Stimmapparat 10
Stimmhygiene 78
Stimmklang 19, 32
Stimmlage 33
Stimmlippen 10
Stimmstörung 20
Stimmtraining 18

T

Tonlage 30
Trinkpause 57

U

Überspannung 22
Überwindung 9

Übungen
– Antworten 52
– Artikulationsübungen 47
– Atemfluss 40
– Bauchtanz 40
– Betonung 50
– Daumen 47
– Gedankenmuster 72
– Haltung 26
– Innehalten 27
– Kieferlockerung 40
– Kontakt 61
– Körperbewusstsein 38
– Lautstärke 53
– Lockerung 38, 47
– Mikropausen 49
– Portionieren 48
– Schulterkreisen 38
– Sprache 46
– Sprecherpräsenz 26
– Sprechsituation 27
– Sprechstimmlage 42
– Sprechtempo 48
Unterspannung 37

V
Vergleich 66
Verspannung 35
Vorsingen 17
Vortrag 56

W
Wirbelsäule 12

Z
Zeitdruck 17
Zeitmangel 48
Zeitplanung 49
Zweifel, innere 14
Zwerchfell 12
Zwerchfellatmung 36

Liebe Leserin, lieber Leser,

hat Ihnen dieses Buch weitergeholfen? Für Anregungen, Kritik, aber auch für Lob sind wir offen. So können wir in Zukunft noch besser auf Ihre Wünsche eingehen. Schreiben Sie uns, denn Ihre Meinung zählt!

Ihr TRIAS Verlag

E-Mail-Leserservice
kundenservice.thieme.de

Lektorat TRIAS Verlag
Postfach 30 05 04
70445 Stuttgart

Abonnieren Sie unsere Newsletter:
www.trias-verlag.de/newsletter

Besuchen Sie uns auf facebook
www.facebook.com/trias.tut.mir.gut

Besuchen Sie uns auf facebook
www.facebook.com/mama.mag.trias

Folgen Sie uns auf Instagram
www.instagram.com/trias_verlag

Lassen Sie sich inspirieren
www.pinterest.com/triasverlag

Bibliografische Information der Deutschen Nationalbibliothek
Die Deutsche Nationalbibliothek verzeichnet diese Publikation in der Deutschen Nationalbibliografie; detaillierte bibliografische Daten sind im Internet über http://dnb.d-nb.de abrufbar.

Programmplanung: Celestina Filbrandt
Projektmanagement: Annalena Müller
Redaktion: Sabine Klonk, Stuttgart
Bildredaktion: Christoph Frick
Umschlaggestaltung und Layout: CYCLUS · Visuelle Kommunikation, Stuttgart

Bildnachweis
Umschlagmotiv und S. 3: Grafikbüro Schaaf, Germersheim

1. Auflage 2020

Printed in Germany

Satz und Repro: Reemers Publishing Services GmbH, Krefeld
gesetzt in Adobe Indesign CC 2019
Druck: AZ Druck- und Datentechnik, Kempten

Gedruckt auf chlorfrei gebleichtem Papier

ISBN 978-3-432-11196-4
Auch erhältlich als E-Book:
eISBN (ePub) 978-3-432-11197-1

1 2 3 4 5 6

Wichtiger Hinweis: Wie jede Wissenschaft ist die Medizin ständigen Entwicklungen unterworfen. Forschung und klinische Erfahrung erweitern unsere Erkenntnisse. Ganz besonders gilt das für die Behandlung und die medikamentöse Therapie. Bei allen in diesem Werk erwähnten Dosierungen oder Applikationen, bei Rezepten und Übungsanleitungen, bei Empfehlungen und Tipps dürfen Sie darauf vertrauen: Autoren, Herausgeber und Verlag haben große Sorgfalt darauf verwandt, dass diese Angaben dem Wissensstand bei Fertigstellung des Werkes entsprechen. Rezepte werden gekocht und ausprobiert. Übungen und Übungsreihen haben sich in der Praxis erfolgreich bewährt.

Eine Garantie kann jedoch nicht übernommen werden. Eine Haftung des Autors, des Verlags oder seiner Beauftragten für Personen-, Sach- oder Vermögensschäden ist ausgeschlossen.

Datenschutz
Wo datenschutzrechtlich erforderlich, wurden die Namen und weitere Daten von Personen redaktionell verändert (Tarnnamen). Dies ist grundsätzlich der Fall bei Patienten, ihren Angehörigen und Freunden, z.T. auch bei weiteren Personen, die z.B. in die Behandlung von Patienten eingebunden sind.

Neue Power durch Yoga

Nachhaltige Gesundheit – mehr Vitalität

Stefanie Rohr
BODEGA moves® – Bodywork meets Yoga
€ 19,99 [D] / € 20,60 [A] · ISBN 978-3-432-10889-6

Leichter geht es nicht!

Nicole Reese
Das einfachste Yoga-Buch aller Zeiten
€ 16,99 [D] / € 17,50 [A] · ISBN 978-3-432-10987-9

Die Tiefendimension des Yoga

Bernie Clark
Das große Yin-Yoga-Buch
€ 24,99 [D] / € 25,70 [A] · ISBN 978-3-432-10551-2

Asanas gegen Hallux, Fersensporn & Co

Patricia Römpke
Yoga für gesunde Füße
€ 12,99 [D] / € 13,40 [A] · ISBN 978-3-432-10969-5

Bequem bestellen über
www.trias-verlag.de
versandkostenfrei
innerhalb Deutschlands

TRIAS